"When the Refugees Are Gone, They'll Come after Us."

Experiences with Anti-Semitism in Central Europe after the Shoah

"When the Refugees Are Gone, They'll Come after Us."

Experiences with Anti-Semitism in Central Europe after the Shoah

Bibliographical data of the Deutsche Nationalbibliothek
(German National Library):
The German National Library catalogs this publication in the
German National Bibliography; detailed bibliographic information
can be found on this website: http://dnb.ddb.de.

Contents

Creators

COORDINATION

Magdalena Freckmann

Rafael Schütz

Agnieszka Smalej

INTRODUCTION

Magdalena Freckmann

Dāvids Gurevičs

Rafael Schütz

COVER DESIGN

Annika Schmidt

TRANSCRIBING

Aleksandra Adamska

Lingita Lina Bopulu

Gabriel Czajka

Magdalena Freckmann

Dāvids Gurevičs

4 Cathy Hu

Eliza Koprowska

Emilia Kościk

Kamil Kwarciany

Zuzanna Makiel

Johannes Probst

Jonas Röder

Annika Schmidt

Rafael Schütz

Agnieszka Smalej

Dagmara Sokołowska

Patrycja Szala

Myrjam Willberg

Michael Winter

Aleksandra Wodyk

COPY EDITING

Lingita Lina Bopulu

Gabriel Czajka

Magdalena Freckmann

Dāvids Gurevičs

Cathy Hu

Eliza Koprowska

Johannes Probst

Jonas Röder

Annika Schmidt

Rafael Schütz

Agnieszka Smalej

Dagmara Sokołowska

Patrycja Szala

Myrjam Willberg

Michael Winter

TYPESETTING

Magdalena Freckmann

Davids Gurevičs

Cathy Hu

Rafael Schütz

PROOFREADING

Magdalena Freckmann

Rafael Schütz

Peter Zinke

Introduction

In 1949, Theodor W. Adorno asked himself and humanity whether one could still write a poem after Auschwitz. This was his way of saying that the delusional and destructive ideology of anti-Semitism, which had led to mass extermination, had transformed European culture and society in a permanent manner: it had become morally impossible not to think of Auschwitz when reflecting about the self-conception of a society or nation and about the way that individuals position themselves towards it.

A widely held belief, especially in Germany, where a reappraisal of the past has always been a central and contentious issue, is that anti-Semitism has been discredited and banned from democratic discourse - however, common experience shows that anti-Semitism persists or gets even stronger, an observation that seems to unmask the much talked about lessons of history as fruitless. The quote that we chose for the title of our publication, based on an interview with Kalevs Krelins, rabbi in the Peitav-Shul synagogue in Riga, shows that Jews today still perceive anti-Semitism as a threat to their own safety. While many groups face hatred, exclusion, or discrimination in each country and might at times be under attack more strongly than the Jewish minority - such as refugees, Muslims, the Russian minority in Latvia, Ukrainians in Poland - anti-Semitism persists as an ideology deeply rooted in European societies that can be drawn upon at any time.

Considering the writings of Adorno and others as well as the fact that the threat of anti-Semitism in Europe persists, one could pose the question how it is possible to be an anti-Semite after Auschwitz - a question that was essential in the project that led to this publication. This book assembles interviews with Jews and non-Jews, experts on Jewish history as well as professionals dealing with anti-Semitism in Central Europe - namely, Germany, Latvia, and Poland - after the Shoah.

The Youth of Europe against Anti-Semitism

We, the collectors of the interviews, are a group of 29 people: high school and university students, apprentices, language teachers, and a historian from Aachen, Berlin, Fürth, Nuremberg, Munich, Riga, and Zamość. Peter Zinke, a historian based in Nuremberg, had the initial idea for the project. A few years ago, he had visited Riga and witnessed what he considered to be a fascist demonstration: the March of Veterans of the Latvian Legion, which takes place in Riga each 16th of March.

Back in Nuremberg, he became concerned with anti-Semitic views among some of his friends, whom he had thought to hold an antifascist and open-minded worldview. Alarmed by these experiences, Mr Zinke developed the idea for a project that should investigate how anti-Semitism had continued to manifest itself since 1945. He began looking for companions.

Shortly before, Mr Zinke had finished two oral history projects, gathering the life stories of Shoah survivors together with high school students and teachers from Sderot (Israel), Nuremberg, and Zamość. He convinced some of the participants of these projects to sign up for the new one. These were nine high school students from Nuremberg, who had finished school by that time, and Agnieszka Smalej, a high school teacher from Zamość. Together with Beata Chmura, the head teacher of her high school, Mrs Smalej persuaded nine pupils to take part in the project. Mr Zinke also wrote to several Latvian institutions about his project idea. This way, he got in touch with Karīna Barkane, Executive Director of the Centre for Judaic Studies at the University of Latvia. Mrs Barkane called on

university students from Riga to apply for the project. From
among the applicants, she eventually selected eight.

Thus the group was complete, comprising in alphabetical
order the following people: Aleksandra Adamska, Karīna
Barkane, Lingita Lina Bopulu, Gabriel Czajka, Jānis Dob-
kevičs, Jānis Dreimanis, Magdalena Freckmann, Dāvids Gure-
vičs, Lea Himmel, Cathy Hu, Eliza Koprowska, Emilia Kościk,
Kamil Kwarciany, Zuzanna Makiel, Edgars Poga, Johannes
Probst, Jonas Röder, Annika Schmidt, Rafael Schütz, Ag-
nieszka Smalej, Anastasija Smirnova, Dagmara Sokołowska,
Patrycja Szala, Vilmārs Vincāns, Myrjam Willberg, Michael
Winter, Aleksandra Wodyk, and Peter Zinke.

Together, we applied to the European Union for a grant under the programme "Erasmus+ - Key Action Cooperation for
innovation and the exchange of good practices - Action Strategic Partnerships - Action Type Strategic Partnerships for
Youth/Transnational Youth Initiatives".[1]

Some participants only took part in the first project activities,
but most stayed on until the end of the project in June 2019.
We all learned a lot about Jewish life in Central Europe and
about the histories of the towns and countries we come from.
Apart from the 70 interviews that we conducted, we visited
Jewish schools, synagogues, and cemeteries, as well as vari-
ous museums and memorial sites, such as the Memorials and
Museums of the concentration and death camps in Auschwitz,
Bełżec, and Majdanek.

Subject of Research in our Project

The main question of our project was how anti-Semitism developed after the Second World War in each of the aforemen-

---

[1] We were awarded a grant of up to 54,975 € for a project duration of
three years from June 2016 to June 2019 under Grant Agreement Number
2016-1-DE04-KA205-013927.

tioned countries. For this reason, most of the interviews were centred around the connection between history, politics, and anti-Semitism: how is anti-Semitism related to national self-images, such as feelings of collective guilt and responsibility with regards to the history of the Shoah, or the self-perception as a victim in this historical process? How do the specific roles of the three countries in the Second World War as well as their political development after the war influence the manifestations of anti-Semitism in each of them? Can anti-Semitism be combated through raising awareness of history?

When we refer to the term anti-Semitism, we are aware of the fact that a broad variety of theoretical approaches towards this phenomenon exists, and that its definition is highly contested. The question of which definition one adheres to has far-reaching implications when it comes to investigating the origins of anti-Semitism or the prospects to overcome it. We do not mean to provide a comprehensive overview on or even a positioning in this debate. Still, we would like to state that we see anti-Semitism as a system of thinking following its own rationale and, in line with Haury (2002, cf. Beyer 2015: 576-582), as a mindset that boasts the following principles: personification of abstract global processes such as capitalism or modernity, manichaeism, i.e. the dichotomous division of the world into "good" and "evil", with "the Jews" functioning as a projection surface and representation of all evil, and the construction of homogeneous groups, with Jews being constructed either as "the other" or as a non-group undermining existing group distinctions. These principles operate both on a social or collective and on an individual, psychological level (Ibid.).

As hinted at in our research questions, we were interested in comparing different countries in order to study the connection between the historical development of a country and the expressions of anti-Semitism that can be found there. We believe that the negotiation of a national self-image is at the core of this connection and that each of the three countries boasts

some specifics in the way its national self-images refer to the
Shoah. In the following section, we will briefly outline these
specifics, by no means in a comprehensive manner.

In Latvia, being under the control of a foreign power is an
experience that essentially determines the national collective
memory, the most recent occupations being the Nazi German
occupation from 1941 to 1944 and the Soviet occupation in
1940/41 and from 1944 to 1991. According to the Preamble
to the Constitution of the Republic of Latvia, the state condemns both the Nazi and the Communist regime. However,
the Soviet occupation of 1940, that involved massive deportations of Latvians to Siberia, is often referred to as the major
national grievance; against this backdrop, the Nazi invasion
in 1941 is perceived as a "lesser evil" or even as a liberation.
Consequently, Jewish suffering tends to be marginalised and
the issue of Latvian collaboration or bystander inaction tends
to be downplayed. The development of a democratic political culture from 1990 onwards has always involved debates
on the question of which historical narrative should be privileged over others, resulting in a reluctance or unwillingness
to acknowledge the historical suffering of and the present-day
discrimination against ethnic groups other than ethnic Latvians (Misco 2015).
Political and public trends in Latvia substantially depend on
the problem of the perception of the events of the Second
World War. In June 2019, the liberal party "Develop-
ment/For!" ("Attīstībai/Par!") intended to submit a law to the
Latvian parliament Saeima on compensation to the Latvian
Jewish community for the property lost during the Soviet and
the Nazi occupations with an amount of 40 million €.[2] This
initiative invoked an ambivalent reaction of the society and
caused a new surge in anti-Semitism; particularly, the Jewish
community was misrepresented with regard to its board's con-

---

[2]*Baltic News Network*, June 12th, 2019

nection with political and financial organisations.[3] As a result of pressure from society, the party was forced to retract its proposal.[4]

Analogously, the topic of the collaboration of Latvians during the Nazi occupation and complicity of certain personalities in the Shoah is viewed sorely in Latvia. The role of the prominent war pilot Herberts Cukurs, who was killed by the Israeli intelligence agency Mossad in the mid-1960s, is still ambivalently evaluated. The Jewish community is blamed for intentional defamation of Cukurs and falsification of facts of his biography. Moreover, in February 2019, in spite of the objection of the Jewish community, the Prosecutor General's office decided to dismiss the criminal proceedings against Cukurs, since no evidence had been submitted or collected.[5] In addition, it is regularly claimed that during the Second World War, Cukurs saved several Jews.[6]

In the political constellation sketched above, little attention is being paid to anti-Semitism in public discourse. Findings from Europe-wide surveys show that both the Jewish and the general Latvian population do not perceive anti-Semitism as a major problem in their country: out of 200 self-identified Jews who participated in a 2018 study by the EU Agency for Fundamental Rights (FRA)[7], only 12% considered anti-Semitism

---

[3] *Pietiek*, June 16th, 2019

[4] *Baltic News Network*, June 21st, 2019

[5] *Public Broadcasting of Latvia*, February 14th, 2019

[6] Gabre (2019); Neiburgs (2019). See the interview with Ilya Lensky for further information.

[7] The 2018 online survey "Experiences and perceptions of anti-Semitism - second survey on discrimination and hate crime against Jews in the EU" conducted by the European Union Agency for Fundamental Human Rights (FRA) seeks to provide EU-wide data on present levels of anti-Semitism in order to asses to which extent EU member states are fulfilling their obligation to combat anti-Semitism. Therefore, it "analyses data from the responses of 16,395 self-identified Jewish people (aged 16 or over) in 12 EU Member States – Austria, Belgium, Denmark, France, Germany, Hungary, Italy, the Netherlands, Poland, Spain, Sweden and the United Kingdom. These Member States are home to over 96% of the

to be a very or fairly big problem in Latvia, and 77% thought that it had stayed the same in the last five years before the survey. 6% had experienced some form of anti-Semitic harassment in that time, and 8% reported that this had happened to a family member or close friend (FRA 2018: 79). As for the general Latvian society, the Special Eurobarometer 484 that was carried out in December 2018 and investigates research questions similar to those of the FRA study[8] found that 14% of the study participants thought of anti-Semitism as a very or fairly big problem and 55 percent felt that it had stayed the same over the past five years. 64 percent of the respondents thought that people in Latvia were not well informed about the history, customs, and practices of Latvian Jews, while 30 percent thought that people were well informed and 6% said that they did not know (European Commission 2019). While these data, giving an indication of the perception of anti-Semitism in Latvian society, boast values much lower than in Poland and Germany, the Anti-Defamation League's Global 100 Survey on anti-Semitism of 2015[9] finds that agreement with anti-

---

EU's estimated Jewish population" (FRA 2018: 7). As response rates in Latvia were low, recruitment methodology and data collection were adapted in order to reach more respondents. This limits the possibility to compare the results from Latvia with those from the other countries. The size of the Latvian sample was n=200, in Germany n=1,233, and in Poland n=422).

[8]The special Eurobarometer 484, a survey which was carried out in December 2018 in 28 member countries of the European Union based on a request by the European Commission, covers the following research questions: (1) To what extent do Europeans consider anti-Semitism to be a problem in their country and how do they assess its recent development? (2) What are the levels of knowledge and education about anti-Semitism? This also relates to the awareness of means to combat anti-Semitism and to adequate Shoah education. (3) How do "conflicts in the Middle East" and the shift of focus influence the way European Jews are perceived in the EU? 27,643 people were surveyed, about 1,000 in each country (Germany: n=1,526, Poland: n=1,011, Latvia: n=1,002). A multi-stage random sample was drawn based on regional administrative units. All interviews were conducted face-to-face in the participant's home.

[9]Note that there are some methodological difficulties with this sur-

Semitic statements in Latvia is in fact stronger than in Germany. While anti-Semitic conspiracy thinking is stronger in Poland than in Latvia[10], some of the statements that represent anti-Semitism as an inter-group conflict are met with about the same agreement in Latvia as in Poland.[11] These data must certainly be interpreted with caution; in any case they seem to imply that the significantly lower level of problematisation of anti-Semitism in Latvia does not directly correspond to lower levels of anti-Semitic thinking in the Latvian society.

The European Union against Racism and Intolerance (ECRI) published its fifth report on Latvia on March 5th, 2019. It discusses recent manifestations of anti-Semitism in Latvia, both in public life and in state practice. The report states that the Jewish community reported on five cases of vandalism and desecration at the Jewish cemetery in Riga in 2016 and that Latvian public media reported on four cases of vandalism at the cemetery in Rezekne in 2017 (ECRI 2019: 19).

---

vey. For the purpose of this introduction, it is especially problematic that the survey only asks whether respondents think that a certain statement is "probably true", not giving them the opportunity to answer in a more nuanced way. Nevertheless, the size of the randomly drawn samples (n=500) makes it possible to at least track some general tendencies within the population.

[10]The survey includes six statements that can be seen as representations of anti-Semitism as conspiracy thinking. The statements "Jews have too much power in the business world" (Latvia: 51%, Poland: 52%, Germany: 28%) and "Jews have too much power in international financial markets" (Latvia: 47%, Poland: 51%, Germany 29%) are those of which the largest share of the study's participants thinks that they are "probably true", while the sentence "Jews are responsible for most of the world's wars" is met with the least approval (Latvia: 12%, Poland: 14%, Germany: 9%)

[11]*"Jews are more loyal to Israel than to [Germany/Poland/Latvia]"*: 49% approval in Germany, 50% in Poland, 56% in Latvia; "Jews think they are better than other people" – Germany 16%, Poland 30%, Latvia 39%; "People hate Jews because of the way Jews behave" – Germany 30%, Poland 34%, Latvia 21%). As for anti-Semitism related to history politics, 51% of Germans, 60% of Poles, and 61% of Latvians participating in the survey thought that the statement "Jews still talk too much about what happened to them in the Holocaust" was probably true.

The Supreme Court of the Republic of Latvia reports on 10 incidents of hate speech against Jews that have been prosecuted in the period from October 2012 until March 2018.

In Germany, more than 70 years after the Shoah, anti-Semitism remains an everyday phenomenon. In the process of dealing with the German past, open expressions of anti-Semitism have become tabooed in mainstream public discourse. However, the ideology continues to fulfil the function of a socially and psychologically relieving interpretation of the world. The tabooing has led to a transformation of anti-Semitism, namely through a shift towards a discourse on Israel loaded with anti-Semitic contents that finds broad acceptance in Germany. At the same time, open expressions of anti-Semitism with "traditional" contents are being condemned, which allows anti-Semitism to be depicted as a marginal and extremist political phenomenon (Busch et al. 2015: 1-3). Recently however, increases in "everyday" anti-Semitic harassment and in anti-Semitic acts of violence can be observed.[12] The large majority of anti-Semitic incidents is committed with a right-wing ideological background, but the numbers of offences based on a left-wing, religious, or "foreign" political background have increased just as well. The interview with Dieter Hegwein and Robert Sandmann contains information about how these data are collected.

In the FRA study, 85 percent of the respondents from Germany viewed anti-Semitism as a very or fairly big problem. Manifestations of anti-Semitism on the Internet, on the streets, in public places, and in the media were assessed to be the most

---

[12]The police crime statistics, which are published annually and report on all offences with a clearly anti-Semitic background that legal procedures have been initiated against, list 1,799 anti-Semitic crimes (such as harassment and vandalism) and 69 anti-Semitic acts of violence. Both numbers exceed those of the last ten years. After the publication of the first online version of our book, the anti-Semitic attack on a synagogue in Halle on October 9th, 2019, with two fatalities has very clearly revealed the potential of anti-Semitic violence in Germany.

problematic. The study shows that manifestations of anti-Semitism can severely affect the feeling of security of Jewish people: 29% (in Poland, by comparison, 32%) of respondents had witnessed other Jewish people being verbally or physically attacked in the last twelve months before the survey. 41% (59% in Poland) were worried about being harassed or insulted, 25% (47%) about being physically attacked. 30% (36%) reported frequently or permanently avoiding to wear, carry, or display in public things that could identify them as Jewish, with security fears being the most frequently reported reason for this avoidance. 74% (91%) thought that the government was not combating anti-Semitism effectively.
64% of the respondents of the Special Eurobarometer 484 considered anti-Semitism to be a very or fairly big problem, 61% thought that it had increased over the past five years. 74% percent of the respondents thought that people in Germany were not well informed about the history, customs, and practices of German Jews, while 22% thought that people were well informed and 4% said that they did not know.

As a means of grappling with its past and specifically with the Nazi German and Soviet occupations, attempts have been made in Polish collective consciousness to restore the national configuration of the interwar period, which signifies stability and autonomy, a process that involved the revival of social institutions such as the Catholic Church and the family. A part of this restauration process was the tendency to avoid the analysis of the younger past, a tendency that sometimes results in a rejection of any responsibility for the wrongs that occurred during the Shoah (Grudzinska-Gross 2014: 664-666). This avoidance discourse, as Katrin Stoll, one of the historians that we interviewed, phrases it, has become a breeding ground for anti-Semitism. For sections of the Polish political spectrum, it has become a core ideology that tends to intertwine with conspiracy thinking and other ideologies such as an anti-EU or anti-cosmopolitan resentment (Zuk 2017: 84-85).

Like in Germany, 85% of the respondents of the FRA study
thought that anti-Semitism was a very or fairly big problem
in Poland. The manifestations of anti-Semitism that most respondents thought of as a problem were anti-Semitism on the
Internet, in the media, and in political life. Respondents were
shown eight selected possibly anti-Semitic statements[13] and
were asked whether they had heard or seen these being made
by non-Jewish people. Out of these, most Polish respondents were confronted with the statement "Jews have too much
power in Poland" (70% - in Germany, by comparison, 42%),
"Jews exploit Holocaust victimhood for their own purposes"
(67%, Germany 45%), and "Israelis behave 'like Nazis' towards
the Palestinians" (63% in Poland and Germany). 41% of the
Polish respondents of the Special Eurobarometer 484 thought
of anti-Semitism as a very or fairly big problem, 18% thought
that it had increased over the past five years, while another
18% thought it had decreased, 23% thought it had stayed the
same, and 41% said that they did not know.
According to the Hate Crime Reporting by the OSCE Office for Democratic Institutions and Human Rights (ODIHR),
the Polish police authorities reported on 78 anti-Semitic hate
crimes (including physical attacks, vandalism and verbal harassment) that police investigations had been initiated on in
2017. This number was lower than in 2016 (103 crimes reported on), but significantly higher than in previous years.

---

[13]Respondents were also asked whether they would consider a person
voicing one of these statements to be anti-Semitic. The answers given
are not itemised by country in the report. For each of the statements
listed here, more than 85% of all respondents said that they probably or
definitely would.

Method and Selection of our Interviews

We made no attempt to select a representative sample of interviewees. Instead, we tried to talk with people of as diverse backgrounds and perspectives as possible. We spoke with Jews about their personal experiences with anti-Semitism, both youth and ninety-year old Shoah survivors, laypeople as well as clerics. We interviewed scientists from a variety of disciplines, historians, sociologists, psychologists, and philosophers. We listened to a police officer combating politically motivated crime, an educator dispelling stereotypes about Jews already held by small children, a volunteer preserving the Jewish heritage of his town that is no longer home to any Jews, a German-Israeli restaurant owner, a representative of the Human Rights Office in Nuremberg, and even German witnesses of the Shoah holding anti-Semitic views. We conversed with priests, politicians, and publicists. The places where we met our interview partners were Auschwitz Memorial and Museum, Fürth, Forchheim, Ingolstadt, Kraków, Lublin, Nuremberg, Riga, Tel Aviv, Trier, Warsaw, and Zamość. Unless stated differently, all interviews were conducted face-to-face by a part of our group (at least two people).

As diverse as the backgrounds and professions of our interviewees were their conceptions and, resulting from those conceptions, the approaches they regarded to be effective in the combat of anti-Semitism. Some regard anti-Semitism as a false projection and inner necessity of modern capitalist society and are convinced that only critical thinking could lift these projections. Others think that anti-Semitic stereotypes primarily result from a lack of education and would thus disappear if only everybody got to know Jewish people and saw that their personalities are as individual as everyone else's. Some have completely resigned themselves. Many are engaged in different activities against anti-Semitism. They direct their efforts at children and youth, for example, or try to gain political influence, yet others want to reach people of all walks of life. Some are only concerned about violence directed against Jews, while others are also worry about all discursive expressions of anti-Semitism, for example on social media.

On this Publication

By publishing a selection of the interviews we conducted, we intend to present a variety of concepts and views on anti-Semitism. This juxtaposition of different perspectives is not complete in any sense. As the interviews do not directly refer to each other, it is not necessary to read them in any specific order. We have sorted them chronologically.

The interviews should be seen as individual narrations that are not representative for any roles, groups, or attributes the interviewees are associated with (e.g. nationality, religion, profession, biographical aspects), even if their statements are naturally influenced by these affiliations.

The interviews are shortened and grammatically aligned with United Kingdom Standard English. We tried to edit the texts as little as possible and note all major amendments that were necessary. Most of the interviews were conducted in English and we conversed in English within the project group. Nevertheless, some of the interviews were conducted in Polish, German, Latvian, or Russian, as it was easiest for all parties involved. For this publication, we decided to publish the interviews in their original languages. We hope that this way the book will be open for people from backgrounds as various as those of the members of our group, albeit only a few readers may be able to read all the interviews.

We do not raise any scientific claim, as we did not follow a specific method when collecting and evaluating the data. Still, the publication can be of scientific use, e.g. for systematizing, elaborating theories, or illustrating sociological and historiographical concepts related to anti-Semitism. In any case, we hope that the interviews allow our readers to enhance their understanding of anti-Semitism in its connection with Central European societies and that it will encourage reflection, just as it did for us.

A preprint of this book with additional interviews and longer versions of those assembled in here is available at https://ec.europa.eu/programmes/erasmus-plus/project-result-content/80c4f8a0-72a0-4866-b946-d0e549973556/main.pdf

Acknowledgements

We would like to thank all interviewees for sharing their life stories and expertise with us. We were amazed by their openness and by the amount of time they devoted to answering our questions. We are grateful to Berkan Berkil, Stefanie Dunker, Fabian Fichtner, Emils Metlans, Anja Schoeller, and Dr. Axel Töllner for accompanying us on our journeys and helping us with our work. Also, we would like to express our gratitude for the Erasmus+ fund that made this project possible and to all people who have, via their tax payments, financed this project.

Contact Details

If you would like to learn more about the project, or wish to get access to the original transcripts or other material that we have collected during our journeys, feel free to write to *youthagainstantisemitismeurope@gmail.com*.

We will be delighted to hear from any person or project that benefits from our work. We are also interested in suggestions for collaboration or further processing of the material.

Poldek (Leopold Yehuda Maimon)

Leopold Yehuda Maimon, called Poldek, was born in Kraków in 1924. He went to a Hebrew elementary school and later to a Zionist grammar school. After the German invasion in 1939, he joined an underground organisation in the Kraków Ghetto. Among other activities, this organisation carried out an attack on a café visited primarily by Wehrmacht officers. At the age of 18, Poldek was deported to Auschwitz, where he also became a part of the underground resistance. Together with four other inmates, he managed to escape during the death march in 1945.

After the liberation, Poldek joined the secret Jewish revenge group Nakam. He is no longer totally convinced of all their deeds today. He emigrated to Palestine illegaly in 1946 and was involved in an Aliyah organisation together with his wife Aviva. Today, Poldek lives in a retirement home in Ramat Gan in the outskirts of Tel Aviv. The interview with him took place there on September 20th, 2016.

Poldek: Urodziłem się w Krakowie w 1924 roku. Miałem starszego brata. Chodziłem do hebrajskiego gimnazjum. To było normalne gimnazjum, takie jak wszystkie. Matura w naszym gimnazjum miała pełne prawa, była jak matura każdego gimnazjum, nie było żadnych kontroli państwowych – mieliśmy pełne prawa.

Jakie ma Pan pierwsze wspomnienia, takie najciekawsze, najpiękniejsze, może wspomnienia właśnie z gimnazjum?

Poldek: Ja mam tylko piękne wspomnienia, to była wspaniała szkoła. Wczoraj do mnie dzwonili z Krakowa, że posta-

wili pomnik jednemu z naszych nauczycieli, który mnie uczył,
był wzorem dla nauczycieli. To profesor Ferdhord, uczył języka polskiego. Pisał książki jako Jan Las i był wykładowcą
na uniwersytecie. Jak wchodził do klasy, to była taka cisza,
że można było usłyszeć muchę. I nigdy nie podnosił głosu, ale
miał taki wpływ na uczniów i słuchać go było tak ciekawie, że
nikt się nie odważył zrobić czegoś, co by mu przeszkadzało.

**Czy jeśli chodzi o język polski, lubił Pan ten język
tylko ze względu na nauczyciela, czy miał Pan jakieś
zamiłowania humanistyczne?**

Poldek: Ja się już wychowywałem w języku polskim, w kulturze polskiej. Wszystko, co czytałem, wszystkie książki były
głównie w języku polskim.

**Pana polszczyzna jest piękna. Jeśli tyle lat Pan pamięta tak dobrze język polski, to tylko pogratulować.
Fantastycznie, że miał Pan takich nauczycieli.**

Poldek: Tak. Z wielką miłością wspominam moich nauczycieli – wszystkich, nawet takich, którym przeszkadzałem.
Szkoła dała nam wszystko. Bez szkoły nie dało się żyć. Do
pół do pierwszej żeśmy się uczyli, a po obiedzie była świetlica i można było uprawiać sport np. ping-pong, można było
po dworcu grać w piłkę, był ruch harcerski dozwolony i ja
też brałem w nim udział. Ruch harcerski z kierunkiem syjonistycznym, ale głównie to wszystko, co harcerzy cechuje, te
same podstawowe wartości. Ja byłem syjonistą, zawsze, od 10
roku życia w tym ruchu harcerskim. Był on w szkole jedynym
dozwolonym przez szkołę ruchem młodzieżowym.

**Czy wszyscy uczniowie byli do niego przekonani, czy w
jakiś sposób byli skłaniani by przyjąć takie podejście?**

Poldek: Nie, byliśmy przekonani, to wszystko było dobrowolne, nie było żadnego musu, żeby ktoś brał w tym udział.

Jak Pan wspomina kontakty z młodzieżą z innych szkół, z rówieśnikami, którzy nie byli syjonistami, którzy nie podzielali Pana poglądów i poglądów Pana kolegów ze szkoły?

Poldek: Ja nie miałem żadnych kontaktów, ja w ogóle ich nie znałem, ja byłem za młody, żeby znać, miałem piętnaście lat, jak wojna wybuchła. Przebywałem głównie w szkole, tam się też tańczyło i śpiewało.

Czy Pana trudności zaczęły się, kiedy wybuchła wojna?

Poldek: Wtedy wszystko się całkiem zmieniło. Musieliśmy się przystosować, jeszcze mieszkaliśmy w swoim mieszkaniu do 1941 roku, bo getto powstało w marcu 1941 roku. To było jeszcze w Krakowie, część ludzi uciekła na wschód, gdzieś do Rosji, ale większość została. A myśmy się spotykali, mimo zakazów, młodzież jest młodzieżą i zakazy są zakazami, więc spotykaliśmy się dalej i życie jakoś mijało, jeszcze nie było tak źle, jeszcze nie było tych obozów zagłady. One się zaczęły z końcem 1941 roku. Wtedy Kraków i Polska zostały podzielone na mocy paktu. Część poszła do Rosji, część do Niemiec, a część została środkiem kraju. Została środkowa Polska, a Kraków został stolicą tego kraju.

Jakie trudności zaczęły się dla rodziny po 1941 roku? Jak pan to wspomina, z czym to było związane? Czy z jakąś działalnością Polaków, oczywiście poza okupantem?

Poldek: Trudności były szczególnie ze strony getta, był w sumie jeden pokój w niedużym mieszkaniu, między dwoma rodzinami... Życie się zmieniło. Nie było głodu, wydzielano jedzenie. Można było żyć normalnie, nie tak jak to miało miejsce w Warszawie. W Krakowie nie było trupów na ulicy. Kraków był czysty. My się spotykaliśmy przy bloku. Ja pracowałem. Głód się zaczął, jak byłem we więzieniu. Ale było ciężko, sprzedawało się, co się miało. Były kontakty z ludnością polską i sprzedawało się rzeczy i w ten sposób jakoś rodzinę utrzymywało. Pracowałem, ojciec pracował, brat pracował. Trochę żeśmy zarabiali. Jakoś się żyło. Zacząłem pracować już w 1941 roku. Musiałem, bo były łapanki. Musiałeś pracować, żeby mieć legitymację pracowniczą. Wtedy mogłeś dalej pracować. Dla mnie w życiu trudności się zaczęły właściwie w 1942 roku.

Na czym polegał największy ucisk w getcie? Co Państwo odczuwali oprócz tej izolacji, piętna?

Poldek: Prześladowanie było w momencie, kiedy Niemcy weszli. Co tydzień wychodziło jedno rozporządzenie, np. trzeba było nosić opaskę, że się jest Żydem. Nie można było jeździć. Było wiele publicznych łapanek Żydów. Łapano człowieka i musiał iść do pracy, wracał dopiero po dwóch, trzech dniach. Z każdym tygodniem było gorzej. Obelgi były bardzo trudne. Niemcy mieli bardzo wyszukany proces psychiczny.

Próbowali zniszczyć Żydów psychicznie?

Poldek: Tak, dla nich ten, kto znęcał się nad nami psychicznie, bardzo dobrze pracował. Myślę, że obelgi były jeszcze gorsze niż sama śmierć. Bo jak śmierć, to człowiek od razu umiera, a obelgi były stale. Niemcy mogli robić, co chcieli, nie było żadnego sądu. Oni czuli, że wszyscy Niemcy są nadludźmi. Dzisiaj chce się to trochę zamydlić, ale wtenczas wszyscy tak czuli. Widać to na filmach, na których Hitler mówił i wszyscy patrzyli na niego jak na Boga i wszystko, co powiedział, było święte.

Niestety, miał charyzmę, prawda? Złą, negatywną...

Poldek: No tak! Miał kolosalną charyzmę. On wiedział, jak mówić do Niemców.

Niemcy byli nad, a Żydzi byli gdzieś poniżej, a czy naród żydowski odczuwał to, że Polacy byli bliżej w stronę Żydów?

Poldek: Ciężko powiedzieć, to są rzeczy niebadane. Większość Polaków była antyniemiecka, bo Polacy widzieli w Niemcach wroga. To trzeba wiedzieć. Niemcy byli wrogiem Polaków i Polacy o tym wiedzieli. Ta piosenka, Rota polska, „Nie będzie Niemiec pluł nam w twarz", była w sercach Polaków, ale w stosunku do Żydów niestety Polacy dzielili się na kilka rodzajów. Byli tacy, którzy wydawali Żydów – to była mniejszość – wydawali Żydów za jedzenie albo pieniądze, inni wydawali Żydów z radością, bo byli antysemitami.

Czy duży był procent ludzi, którzy wydawali Żydów dla jakiejś satysfakcji, wyższości?

Poldek: Nie powiedziałbym, że było ich dużo. Te rzeczy są jeszcze niebadane. Ale po wojnie Polacy, którzy pomagali Żydom, bali się swoich sąsiadów, że jak się sąsiad dowie, że on pomagał Żydowi... Polak miał karę śmierci za pomoc Żydowi, nie można o tym zapominać.

I wielu ludzi na świecie dzisiaj zapomina, że tylko w Polsce ta kara śmierci obowiązywała, tylko Polacy ginęli za to, że pomagali Żydom.

Poldek: Tego nie można zapomnieć, ale też było dużo Polaków, którzy podchodzili do Żydów z nienawiścią, bo mieli z tego korzyści materialne, na przykład żydowskie domy, które zostały opróżnione przez Niemców. W Polsce był bardzo silny antysemityzm według mnie, kierowany przez Kościół.

Czy chodziło też o to, że Żydom często lepiej się powodziło? Byli zaradniejsi?

Poldek: Nie, to nieprawda. Żydzi byli bardzo biedni. To są tylko opowiadania. Znam Żydów sprzed wojny, bo mój ojciec jeździł po tych miasteczkach, był przedstawicielem rozmaitych firm i na wakacjach z nim jeździłem. Żydzi byli bardzo biedni. Byli też bardzo bogaci, było ich od pięciu do dziesięciu procent, ale zamożnych było jeszcze od piętnastu do dwudziestu pięciu procent. Można powiedzieć, że było dwadzieścia pięć procent Żydów, którzy byli zamożni. Siedemdziesiąt pięć procent to byli Żydzi jak z opowiadań żydowskich, widziałem to na własne oczy. Jeśli Żyd był krawcem, to takim, który robił łaty.

Wspomniał Pan, że to z Kościoła wyszły pierwsze sygnały antysemityzmu. Jak Pan to rozumie?

Poldek: Kościół miał bardzo wielki wpływ na ludność polską, która była bardzo religijna. Nie można pominąć problemu analfabetyzmu w Polsce.

Także w dużych miastach? W Krakowie?

Poldek: Wszędzie. I księża to wykorzystywali. I wiadomość, że Żydzi zabili Jezusa, miała bardzo duży wpływ na mentalność rolników. Rolnik polski też był bardzo biedny. Biedota w Polsce była kolosalna.

Czy spotykał się Pan z tym, że chociaż Kościół w jakiś sposób, bezpośredni lub pośredni, nawoływał do antysemityzmu, to Polacy będąc katolikami pomagali Żydom?

Poldek: Kardynał Sapieha pomagał Żydom. Nie można powiedzieć, że wszyscy. Ja mówię o Kościele na wsiach, bo właśnie ludzie niewykształceni, analfabeci żyli z tego, co usłyszeli w niedzielę w kościele, co ksiądz proboszcz powiedział, było święte.

Ale i wśród tych nieoświeconych, rolników, chłopów, byli tacy, którzy pomagali ryzykując życie, prawda?

Poldek: Wszędzie byli. Ja sam miałem podczas wojny przyjaciół Polaków. Nie można mówić, że w stu procentach ludność polska była antyżydowska. Ale jeśli mówimy o atmosferze, to była ona antyżydowska.

Proszę powiedzieć o początkach buntu w getcie.

Poldek: Myśmy zrobili pierwszy wypad w Europie, nie tylko w Polsce, nie tylko w Krakowie. Pierwszy wypad na Niemców na większą skalę zorganizowała żydowska młodzież w Krakowie 22 grudnia 1932 roku. Byli w kontakcie z Armią Ludową, ale była to czysto żydowska grupa i zrobiliśmy to dwa dni przed Wigilią – pierwszy napad na tę kawiarnię, gdzie byli przed świętami wyżsi oficcrowic nicmicccy i gestapo. To zrobili Żydzi, ani jednego Polaka tam nie było, tylko napisane na tablicy, że byli Polacy.

Jaka była pana rola w tej grupie?

Poldek: Mieliśmy w kilku miejscach ludzi. Bardzo ciężko było dostać miejsce zamieszkania dla Żyda, bo Żydowi groziła kara śmierci. Podczas tej akcji byłem szefem, byłem odpowiedzialny za tę grupę, która wyszła na główny napad. Na główny napad wyszli z miejsca, gdzie kiedyś był szpital żydowski. To było 22 grudnia. To była główna kawiarnia cyganerii naprzeciwko teatru. Rzuciliśmy flaszki Mołotowa, pełno tam było wyższych oficerów. Część zawiesiła flagi polskie na budynkach administracyjnych, część rozlepiała ulotki, żeby zachęcić Polaków, by zaczęli się bronić, zachęcić do działania. Później zapaliliśmy ogień na ulicach, żeby straż pożarna jechała, żeby był bałagan.

Jak duża była ta grupa?

Poldek: Siedemdziesięciu ludzi.

W jakim wieku? Czy tylko młodzi ludzie?

Poldek: Ja byłem najmłodszy. Miałem wtedy osiemnaście lat, inni mieli osiemnaście, dwadzieścia lat.

Jak zapatrywali się na te działania Polacy, rówieśnicy, młodzi ludzie? Czy współpracowali? Czy w jakiś sposób pomagali?

Poldek: Tak. W Polsce były trzy grupy podziemne. Jedna była Gwardia Ludowa, która była pod nadzorem partii komunistycznej, jedna była nacjonalna narodowa, ona mordowała Żydów, nie przyjmowała Żydów, a kto był w AK albo tacy, co mieli papiery jako Polacy, to tam zgodzili się ich przyjąć, ale z zasady nie przyjmowali Żydów. A Gwardia Ludowa była bardziej była skłonna i ona nam pomagała, współpracowaliśmy.

Jak wyglądało codzienne życie w getcie, gdy zaczął się już bunt młodych ludzi? Jakie akcje podejmowaliście? Z jaką częstotliwością?

Poldek: Byliśmy grupą trzydziestotrzyosobową. Kiedy dowiedzieliśmy się, że mordują Żydów masowo i nie ma właściwie żadnych szans przeżycia, było to bardzo ciężko przeprowadzić wśród inteligencji żydowskiej. Bo żydowska inteligencja w Krakowie była właściwie kulturalnie połączona z kulturą niemiecką. Kraków był pod zaborem austrowęgierskim, wszystko było niemieckie. Językiem był niemiecki, mój ojciec i matka mówili bardzo dobrze po niemiecku. Bardzo ciężko było zrozumieć, że tak kulturalny naród jak Niemcy, który wydał wielkich pisarzy, wielkich uczonych, wielkich kompozytorów, będzie mordował ludzi tylko dlatego, że mają inną wiarę, trudno było w to uwierzyć. Bo to było naprawdę nie do wiary. Myśmy szukali drogi, jak uciec z Polski, żeby wyjechać do Palestyny, bo ta grupa to byli ludzie wychowani w ruchu syjonistycznym. A to się nie udało, bo tak ściśle było wszystko zamknięte. Niemcy byli bardzo dobrze zorganizowani, pod tym względem niestety nie można było wyjść z sideł niemieckich. Przyszły wiadomości z Wilna, że było bardzo mało ludzi. W Krakowie za dużo nie było. W Krakowie było tak dwadzieścia tysięcy Żydów w getcie. Na początku 1942 roku nie było poczty, wiadomości przechodziły przez dziewczęta, które były kurierami. Te grupy syjonistyczne były we wszystkich krajach, bo ruch syjonistyczny był bardzo rozległy przed wojną. Główny ruch syjonistyczny był w Polsce. Tam była kultura żydowska, młodzież żydowska przyjeżdżała tutaj budować kraj, głównie ludzie z Polski budowali ten kraj. Z początkiem 1942 roku dowiedzieliśmy się, że mordują Żydów masowo. Wtedy rozpoczęły się te rozmowy między nami, co powinna młodzież zrobić, czy dać się zamordować bez żadnego oporu, czy stawiać opór. Bardzo łatwo postanowić, że się stawia opór, ale myśmy byli wszyscy studentami, z bronią nie mieliśmy nic wspólnego. Nie było rewolweru, nie było młotka nawet. W końcu przystaliśmy do współpracy z Gwardią Ludową, ona nas przyjęła, pod ich kierunkiem mieliśmy współpracować jako organizacja podziemna. I to polegało na tym, że trzeba było zorganizować jakiś wypad mały na fabryki, gdzieś, gdzie były mundury niemieckie. A raz na kolej, która szła na wschód. Pierwszy rewolwer zdobyliśmy tak, że wyszło nas trzech ludzi na plac otoczony plantami, pod wieczór, było ciemno, napadli na policjanta niemieckiego, z siekierą, zabili go i to był pierwszy rewolwer, jaki zdobyliśmy. Także to były kolosalne trudności budować grupę podziemną, bez pieniędzy, bez poparcia ludności.

I bez przygotowania wojskowego.

Poldek: Byliśmy gotowi do działania. I teraz była ta trudność, że musieliśmy wyjąć ludzi z getta. Po pierwsze zaczęliśmy być znani. I to było po dwóch wysiedleniach dziewięciu i pół tysiąca Żydów do Bełżca, gdzie był obóz zagłady. Dwóm ludziom udało się zbiec stamtąd. Wiedzieliśmy, że nie mamy dużo czasu, że nas w końcu złapią. Niemcy byli bardzo dobrze zorganizowani i mieli pomoc donosicieli. Byli też wśród Żydów donosiciele, Niemcy zorganizowali grupę donosicieli żydowskich, którym za pomoc przyrzekali lepsze warunki, ale nie było donosicieli polskich. Także wiedzieliśmy, że nie mamy dużych możliwości przeżycia, że nasz czas jest bardzo krótki, że musimy działać szybko. 22 grudnia był ten wielki wypad. Wzięliśmy sześćdziesiąt osób, była tam jeszcze jedna grupa żydowska, tzw. „Iskra", która była całkowicie pod dowództwem komunistycznym, liczyła też jakieś sześćdziesiąt osób. I razem wykonaliśmy pierwszy napad na Niemców, pierwszy w całej Europie na skalę, można powiedzieć, międzynarodową.

I jak się zakończył?

Poldek: Zakończył się tragicznie. Grupa mieszkała głównie w baraku na ulicy Skawińskich i stamtąd wyszliśmy na to działanie. Ja mieszkałem poza gettem u jakiejś pani, która nie wiedziała, że jestem Żydem, bo miałem polskie papiery, fałszywe, ale polskie. Nie wiem, jak się to stało, ale po tym, po tej akcji na cyganerię, oni przyszli do tego baraku. Były dwie wersje tej historii. Jedna, że jeden z tych trzech, który rzucił granatem na tę kawiarnię, nie był Krakowianinem, swoim zachowaniem zwrócił uwagę i poszli za nim, a on nie wiedząc o tym zaprowadził ich do baraku. Według drugiej wersji wśród nas znalazło się przypadkowo dwóch ludzi z obcych szeregów, którzy zostali zaaresztowani z początkiem grudnia i zostali zwolnieni pod warunkiem, że będą donosicielami. I oni donieśli. Nie wiem, co jest prawdą, w każdym razie widziałem, że wszystkich, którzy tam byli, zaaresztowano. Potem robiliśmy jeszcze jeden napad. Getto zostało zlikwidowane 13 marca 1943 roku i potrzebowaliśmy pieniędzy. Byłem jednym z trzech, którzy dokonali napadu pieniężnego na jakąś rodzinę w Bochni. Napad się udał, ale mnie złapali i spędziłem miesiąc w celi śmierci na Montelupich, a później w Auschwitz dwadzieścia dwa miesiące. I tam też byłem w takiej grupie bojowej, bo w Auschwitz też była grupa podziemna.

A czy w podziemiu w Krakowie, jeszcze w czasach getta, zanim trafił Pan do Auschwitz, spotkał Pan jakieś przejawy antysemityzmu ze strony Polaków?

Poldek: Tam nam pomagali, znaczy mieli pomagać więcej, ale można powiedzieć pomagali częściowo, nie dali nam odczuć, że my jesteśmy już straceni, że można nas zamordować.

Co bardziej Panu utkwiło w czasach wypadów, działań: czy pomoc Polaków czy niechęć i na przykład donosy, czy jakieś przejawy antysemityzmu?

Poldek: Osobiście spotykałem się z Polakami, którzy pomagali. Miałem szczęście, bo przez długi okres miałem wygląd nie tak żydowski, można powiedzieć, mówiłem po polsku dosyć dobrze i miałem włosy jaśniejsze, więc nie byłem podobny do Żyda. Miałem kontakt z Polakami, którzy pomagali, miałem przyjaciela. Spotykałem dobrych ludzi, trochę też złych, ale głównie dobrych ludzi tam w Auschwitz.

Jak w Auschwitz doszło do tych działań, w których brał Pan udział? Czy Pan był ich inicjatorem?

Poldek: Nie, tam nie było inicjatorów, to wszyscy podjęli. Dostaliśmy wiadomość, że będą chcieli zlikwidować obóz w momencie, gdy Niemcy będą musieli go opuścić. Myśmy zbierali broń i przygotowywali różne sposoby obrony na chwilę, gdy będą chcieli zlikwidować ten obóz. Wyszliśmy z założenia, że jak się będziemy bronić, to uratuje się więcej osób, niż gdy nie będziemy się bronić wcale. Myśleliśmy, że gdy dojdzie likwidowania obozu i Niemcy będą chcieli nas zabić, nie będą mieli dużo czasu, więc gdy będziemy walczyć, to część się uratuje, część zabiją, ale więcej nas się uratuje niż gdyby wszystkich zabili. Obóz był kierowany przez więźniów i była tam walka między trzema grupami, była grupa więźniów niemieckich, była grupa Polaków z AK i była grupa żydowska. Między tymi trzema grupami była walka o miejsca, które były ważne w obozie, od których zależało życie ludzi, na przykład kto był kapo. Grupą, która rządziła, właśnie byli Niemcy, skazani głównie za morderstwa, za większe kradzieże. Druga grupa, polska, miała lepsze warunki niż Żydzi, nie mordowali ich masowo, to byli ludzie, których aresztowano i mieli możliwości dostawania później paczek i utrzymywania kontaktów z rodzinami. To im dawało możliwość przeżycia, bo każda kromka chleba była na wagę życia lub śmierci. I była grupa żydowska, która nie miała żadnych możliwości przeżycia, jedynie trzy, cztery miesiące w Oświęcimiu, jak się nie paliło papierosów, bo jak się paliło papierosy, sprzedawało chleb za papierosy, to życie się jeszcze skracało. Jeśli ktoś miał jakiś specjalny, dobry zawód, Niemcy go potrzebowali, miał szansę przeżyć. Tam, gdzie ja byłem przysłany do Auschwitz, budowano miejsca, w których produkowana była benzyna syntetyczna.

Z przejawami jakich zachowań ze strony Polaków się Pan spotykał w Auschwitz? A czy Polacy - współwięźniowie - w jakiś sposób pomagali lub szkodzili Żydom?

Poldek: Ja mam bardzo dobre wspomnienia. Byli Polacy lepsi, byli gorsi, głównie byli antyżydowscy.

I czym to się przejawiało, wiadomo, pewnie walczyli o swój kawałek chleba, ale czy donosili?

Poldek: Polakom nie brakowało chleba, bo Polacy dostawali paczki, dlatego mogli przeżyć. Wśród Polaków nie było też selekcji. W Auschwitz co miesiąc była selekcja, kto miał, a kto nie miał pójść do krematorium. Żydzi mieli nie dostawać żadnej pomocy i w takich warunkach mogli przeżyć dłużej ci, którzy byli posyłani do roboty przy budowie, dostawali wtedy jedzenie.

Bo byli potrzebni?

Poldek: Tak, tak, byli potrzebni, więc dostawali trochę więcej jedzenia.

To w takim razie, jaki mieli polscy więźniowie interes w tym, żeby przeszkadzać Żydom?

Poldek: Żaden, tak po prostu było. Niestety ludzie nie kochają się tak bardzo, jak jeden jest słabszy, to silniejszy go wykorzystuje.

Jaką pracę wykonywał Pan w Auschwitz?

Poldek: A, roboty głupie, bo przyszedłem tam z wyrokiem, więc byłem w karnej grupie przez pierwsze parę tygodni. Dostałem podwójne zapalenie płuc i opłucnej, znalazłem się w szpitalu i właściwie esesman mnie zanotował na następny dzień do krematorium. Wiedząc o tym, że jestem ostatnim z tych, którzy zrobili ten napad na cyganerię, powiedziałem, że tam, w celi śmierci było nas wielu, ale oni zostali zastrzeleni na Montelupich. I myślałem, że jestem ostatni z tych i że nazajutrz idę do pieca. A kręcił się tam jakiś człowiek, bo to w szpitalu się chodziło bez numerów, więc nie było widać, czy się jest Żydem, czy Polakiem, czy Niemcem. Ale on bardzo ładnie się zachowywał wśród więźniów, w obozie w Auschwitz nie tak było przyjęte. Poprosiłem go, żeby przysiadł obok mnie, bo chcę mu coś opowiedzieć, w końcu miał taką dobrą pracę, to przeżyje może ten obóz. I przyszedł, usiadł, zacząłem mu

opowiadać i okazało się, że on był z tej samej organizacji co
ja, i że był dziesięć lat starszy, był farmaceutą, złapali go,
jak przechodził przez granicę, chciał uciec do Palestyny. Jak
się dowiedział, kim jestem, poszedł do szefa tej podziemnej
grupy, bo się okazało, że jestem może najmłodszym więźniem
politycznym w Auschwitz. Ten człowiek miał wielki wpływ.
Kazał lekarzom zniszczyć moją kartę chorobową, w której było
napisane, że na drugi dzień miałem iść do pieca i zapisał mnie
jako nowego chorego i tak mnie uratowali.

Ja się Pan wydostał z obozu?

Poldek: Uciekłem podczas marszu śmierci z grupą, w której nas zaaresztowano razem. Bardzo chcieliśmy uciec i po-
stanowiliśmy, chociaż nie było możliwości uciec z Auschwitz.
Wiedzieliśmy, co nas czeka, jeśli spróbujemy. Jedyna możliwość była prawie nielogiczna, ale była. Uciekliśmy drugiego
dnia marszu, udało nam się. To było dwudziestego stycznia
czterdziestego piątego roku.

**Co się z Panem działo po tym, jak udało się Panu
uciec z Auschwitz?**

Poldek: Mieliśmy znowu wielkie szczęście. Uciekliśmy w nocy
i szliśmy piechotą, nie więcej niż sześćdziesiąt kilometrów od
Auschwitz. I przyszedł do nas jakiś żołnierz niemiecki, byłem pewien, że chciał nas zabić. A powiedział do mnie po
polsku, nie wiem, dlaczego akurat do mnie, że musimy się tu
gdzieś schować, bo tu niedaleko jest front, a tam całe SS i
nas na pewno złapią. I zniknł. A niedaleko była jakaś wioska, gdzie jeszcze byli Polacy. I około północy poszliśmy do
wioski i zaczęliśmy pukać od okna do okna. Ale kto we wsi
w nocy otworzy drzwi, kiedy niedaleko front? Aż słyszę od-
głos z jednego domu, w którym przebywała siedemnastolet-
nia panienka, ja miałem wtedy dwadzieścia jeden. Poprosiłem
ja, żeby powiedziała, że jej narzeczony uciekł z obozu pracy

i szuka schronienia. Ona spojrzała i wpuściła nas do domu, a tam była jej mamusia, starsza pani i dała nam zezwolenie, żebyśmy tam weszli.

Czy był Pan wtedy w obozowym ubraniu?

Poldek: Tak, bo nie miałem nic innego do ubrania.

I oni się nie bali Pana przyjąć? Uciekiniera z Auschwitz?

Poldek: Oni nie wiedzieli, co to jest. W obozie myśmy się przygotowali do tej ucieczki, mieliśmy czarne płaszcze z czerwonym pasem, byliśmy długo więźniami, przeszliśmy wszystkie progi, mieliśmy kontakty, to i jakąś dobrą koszulę, dobre buty udało się zdobyć.

A od kogo? Skąd te kontakty, skąd te rzeczy? Od Niemców, czy od Polaków, od Żydów?

Poldek: Nie, to więźniowie, którzy pracowali. Ta grupa nazywała się Kanada. Dlaczego Kanada, nie wiem, ale nawet jak się było więźniem, to się miało wszystkie kontakty, bez tego nie można było przeżyć. A to właśnie dzięki podziemiu miałem rozmaite chody, jak się to mówi. Przechowali nas siedem dni i po siedmiu dniach przyszli Rosjanie i poszliśmy do Krakowa na piechotę, przeszliśmy koło Auschwitz i w moje urodziny wszedłem do Krakowa.

Ale prezent!

Poldek: Tak.

Czy potem spotkał się Pan jeszcze z rodziną?

Poldek: Nie. Moja mamusia została zamordowana w obozie. Przechodziła przez plac, gdzie się odbywały apele i dowódca

obozu „Skarżysko" badał, czy dobrze celuje... I zastrzelił ją.
A ojca wysłali do obozu w Bełżcu.

A co z bratem?

Poldek: Z bratem spotkałem się później, dostałem wiadomość
w 1946 roku, że brat jest w obozie w Niemczech i pojechałem
tam. Byłem już w innej grupie, grupie, która brała zemstę na
Niemców. Pracowaliśmy, byłem w Paryżu, w Czechosłowacji,
miałem tam zadanie, to był obóz więźniów SS i myśmy tam
posmarowali chleb arszenikiem, który miał zabić tych esesma-
nów.

**A w Krakowie gdzie Pan znalazł miejsce po powrocie
z Auschwitz? Jak się toczyło dalej Pana życie?**

Poldek: Przyjechałem do Krakowa 2 lutego roku z zamiarem
jak najszybszego wyjazdu z powrotem do Palestyny. Byłem
syjonistą i chciałem jak najszybciej wyjechać. Spotkałem się
z człowiekiem z Warszawy, który pomagał Żydom wyjechać
do Bukaresztu, a stamtąd mieliśmy nadzieję wyjechać do Palestyny.

I od razu się udało?

Poldek: Nie.

A jak wyglądała ta droga?

Poldek: Zostałem jeszcze rok w Europie, bo byłem wtedy w
grupie dokonującej zemsty na Niemcach.

Na czym polegała ta zemsta, Pana działania?

Poldek: Były różne, moim głównym zadaniem było robienie
pieniędzy. Byłem od tego, bo myśleli, że ja się na tym znałem. To był obóz Niemców, w którym były wyrabiane szylingi

fałszowane, bardzo dobrze, bo to wyrabiało państwo niemieckie, szylingi niemieckie, które miały w ten sposób zniszczyć gospodarstwa niemieckie. To się działo zaraz po wojnie. Te szylingi były bardzo tanie, a we Włoszech, gdzie o tym nie wiedziano, można było sprzedawać drogo, więc myśmy kupowali to w Niemczech, sprzedawali i za te pieniądze utrzymywaliśmy tę grupę.

Jak spekulanci dawniej w Polsce.

Poldek: Tak, tak spekulanci, ja byłem wielkim spekulantem.

Jak długo Pan tak pracował?

Poldek: Rok. W lipcu 1946 roku przypłynąłem nielegalnym okrętem do Izraela.

Czy ma Pan jeszcze jakieś wspomnienia, jeśli chodzi o Polaków? Pozytywne, negatywne? W tym ostatnim okresie, kiedy wyszedł Pan z Auschwitz, jakie wtedy było nastawienie Polaków do byłych więźniów Auschwitz?

Poldek: Postanowiłem w Polsce nie zostać, mimo że miałem kolosalną pomoc ze związku partyzanckiego. Raz mnie przyjęli do związku partyzanckiego i dostałem legitymację partyzanta i otworzyli mi drogę na studia, wszystko chcieli mi dać, chcieli mi dać stopień kapitana, chcieli mi naprawdę pomóc, ale jak przyszedłem do Krakowa, to pierwsze, co usłyszałem od tego stróża, gdzieśmy mieszkali „To tyle Żydów was zostało?"

Jak Pan myśli, dlaczego cały czas było takie samo nastawienie do Żydów, pomimo że Żydzi tyle przeszli, mimo że Polacy mieli poczucie, że to, co działo się w Auschwitz, było bestialstwem, bo przecież Polaków to też dotykało?

Poldek: Nie mogę na to odpowiedzieć, to dla mnie niezrozumiałe. Nienawiść do Żydów była ogromna po wojnie. Kielce były, Rabka, niebezpieczeństwem było jeździć po Polsce dla Żyda. A to nie było kierowane przez państwo, to nie było zorganizowane przez nikogo, to były pojedyncze grupy, ludzie sami zabijali ludzi. Wiemy, co się działo w Polsce po wojnie, dlaczego się to działo, jest dla mnie największą zagadką, nie potrafię jej rozwiązać, niestety. Jestem związany z kulturą polską, ja się nie wstydzę tego, że byłem w Polsce wychowywany, mam wiele sentymentów do Polski, kocham Kraków, ale z wielkim bólem to mówię, że takie wypadki niestety miały miejsce po wojnie i tego nie można zrozumieć.

Ten ból nosi Pan w sobie jakby w imieniu narodu. A czy po przyjeździe do Izraela utrzymywał Pan jakieś kontakty z Polską? Czy wracał Pan do Polski?

Poldek: Tak, byłem w Polsce, byłem zaprzyjaźniony z rodziną, która uratowała członka naszej organizacji, przychodziłem tam do nich, mieszkali w Prokocimiu, był tam syn w naszym wieku, byliśmy bardzo zaprzyjaźnieni.

Odwiedzał Pan Kraków i dom, w którym Pan mieszkał?

Poldek: Do domu mnie nie chcieli wpuścić, nie chcieli mi otworzyć drzwi.

Dużo razy był Pan w Polsce?

Poldek: Tak, robiliśmy film o Krakowie, o tej grupie, w ten sposób się spotykaliśmy. Żydzi, różni Żydzi, szczególnie ci starzy, ale też inni mają wiele pretensji do Polski, do ludności polskiej i to jest dosyć zrozumiałe. To trzeba zrozumieć. Mimo że Polacy nie byli z Niemcami, byli przeciwko Niemcom, ale zachowanie Polski, narodu polskiego nie było... dość to ciężki temat...

My, Polacy cierpimy teraz z tego powodu, bo często te głosy, że jesteśmy antysemitami, że byliśmy antysemitami, są głośniejsze niż te, że pomagaliśmy. Przecież ogromna część Polaków jest wśród Sprawiedliwych Wśród Narodów Świata.

Poldek: Tak, to się należy Polsce.

A przecież inne narody, na przykład Holendrzy, też wydawali Żydów... My cierpimy, że na naszych terenach było Auschwitz, były obozy.

Poldek: No, nie, nie tylko. Żydzi europejscy byli głównie w Polsce, trzy i pół miliona Żydów było w Polsce, a w Holandii ilu było Żydów? Trzysta tysięcy? Pięćset tysięcy? Żydzi jako grupa byli w większości w Polsce. Teraz nie ma już tylu Żydów w Polsce, w Krakowie jest osiemdziesięciu ludzi zapisanych jako Żydzi, wczcśniej było sześćdziesiąt pięć tysięcy.

A czy myśli Pan, że takie zachowanie wobec Żydów to jest cecha narodu polskiego? Czy gdyby padło na jakikolwiek inny naród, na przykład Czechów, Węgrów, Włochów i na ich terenie byłyby obozy koncentracyjne, obozy śmierci, czy zachowywaliby się podobnie? Czy to tkwiło w mentalności Polaków?

Poldek: Nie, przecież antysemityzm jest na całym świecie, tak nie można powiedzieć, tylko zmiana była w Niemcach taka, że potrafili zmienić kierunek. To bardzo dziwne dla mnie, niezrozumiałe, bo właściwie główna nienawiść powinna być między Żydami a Niemcami. A tak nie jest, Niemcy są dzisiaj największymi przyjaciółmi z Izraelem.

Jakub (Yaakov)

Jakub (Yaakov) was born in Frampol, Poland, in 1928. To-gether with his family, he spent three years (1939-1941) in Biłgoraj Ghetto in Poland. He used to get out of the ghetto to get some food and got caught. He thought his days were num-bered, but the German who caught him agreed to let him live in his house. Jakub escaped to Russia in 1941 and later to Pale-stine. During his life, he learned and worked in many different jobs. He speaks six languages. Today, he lives in a retirement home in Ramat Gan in the outskirts of Tel Aviv, Israel. The interview took place there on September 21st, 2016.

Jakub: Urodziłem się we Frampolu w 1928 roku. Kiedy w trzydziestym dziewiątym roku zaczęła się wojna Niemiec z Pol-ską, przyleciały samoloty, słyszałem je, miałem dziesięć lat. Zdążyliśmy uciec z domu, ja, ojciec, matka, siostra i brat. We Frampolu, zaraz za miastem jest taka góra i tam się schowali-śmy, może ze dwie godziny żeśmy tam siedzieli, aż ustał szum bomb. Poszliśmy zobaczyć, co się dzieje w mieście. Niewiele zostało, rozbili całe miasto, zostały tylko synagoga, kościół i szkoła, w której się uczyłem. Wszyscy, którzy nie zdążyli uciec, zostali zabici. Nie wiedzieliśmy, co robić.

Proszę opowiedzieć więcej o swoim dzieciństwie, o szkole.

Jakub: Długo się nie uczyłem, skończyłem dwie klasy we Frampolu, wybuchła wojna i już więcej nie chodziłem do szkoły. Jak rozbili nam miasto, nie było gdzie szukać jedzenia i miejsca do spania. Mój ojciec znał ludzi, którzy mieszkali za miastem. Chodziliśmy tu i tam, by trochę zjeść. W sadzie szu-kaliśmy jabłek, w jednej chałupie dali mleko, w innej mięso.

Nie mieliśmy gdzie iść, liczyliśmy na to, że może w mieście coś zorganizują. Poszliśmy do miasta, do szkoły, tam, gdzie ostały się jeszcze domy. Niemcy byli we Frampolu i wzięli nas do Biłgoraja. Biłgoraj to większe miasto. Tam była granica z Rosją, tam jeździły pociągi. Rozdzielili nas w mieszkaniach, stworzyli getto. Jeść dawali - trochę zupy i chleba. Ale ludzie umierali z głodu. Jeden Niemiec, naczelnik obozu, Hans powiedział do mnie „idź pracować". No co zrobić, poszedłem do niego pracować. Ciężko było.

Czy oprócz jedzenia Polacy udzielali Wam pomocy, gdy chodziliście po wioskach? Nie byli wrogo nastawieni?

Jakub: Dali nam jeść, ale nie pomagali więcej. Bali się Niemców, za ukrywanie Żyda mogli zostać zabici. Żyliśmy w tym obozie w Biłgoraju trzy lata. Ludzie dorośli byli brani do pracy, zbierali kamienie i wywozili do Niemiec. Ja pracowałem u tego Niemca.

Co się później z Państwem stało?

Jakub: Byłem trzy lata w getcie. A kiedy już złota nie było, trzeba było kraść. Poszedłem w nocy, wiedziałem kiedy Niemiec śpi, przekradłem się przez druty i udałem się do wioski. Było bardzo ciemno, wszedłem w siano, ale do jedzenia nic nie znalazłem. To było chyba w tysiąc dziewięćset czterdziestym pierwszym roku, zima była ciężka. Wyszła Ukrainka, bo usłyszała szum. Poznała, że ktoś rozrzucił siano. Wzięła widły i zaczęła mnie nimi kłuć. Mam jeszcze dziury na nogach. Dźgała mnie i krzyknęła „Antek, złapałam Żyda"... Ledwo uciekłem z tego siana. Ona zawołała tego Antka, żeby pojechał po Niemca do miasta, bo w tej miejscowości nie było Niemców, bali się partyzantów, bandytów. Ten wziął wóz i pojechał po Niemca, żeby mnie zabrał. Trwało to jakieś pół godziny. Przyjechał ten Niemiec, spojrzał na mnie i mówi do mnie „uciekaj".

I uciekłem. Matka z ojcem stali w oknie całą noc, nie spali. Przybiegłem do domu, matka płakała. Nie chcieliśmy tak dalej żyć. Rozpoczęła się wojna Niemiec z Rosją. Uciekliśmy do Rosji. Wykradliśmy się i pojechaliśmy pociągiem. Jechaliśmy dwie niedziele. Przyszedł jakiś rosyjski oficer i spytał: „Czy wiecie, dokąd jedziecie? Wy jedziecie do Rosji". Dał jakieś dokumenty i podpisał, zapytał o obywatelstwo. Powiedział, że pojedziemy na Sybir. Nie było widać słońca, same lasy. Razem z nami były inne rodziny. Dali nam siekiery do rąbania drzew. Pracowaliśmy tam i było ciężko, jeszcze gorzej niż w getcie. Brakowało jedzenia, musieliśmy kraść, ale jakoś przeżyliśmy. W czterdziestym szóstym roku przyjechaliśmy na Dolny Śląsk i tam zacząłem pracować w kopalni. Szkoły nie było, uczyć się nie było czasu, więc poszedłem, żeby pomóc ojcu. Zrobili ze mnie stachanowca, wybrali mnie, robiłem sto dwadzieścia procent i poszedłem do kibucu. Przyjechali z Izraela uczyć nas, przygotowywać do życia w kibucu, bo miał powstać Izrael w czterdziestym ósmym roku. Byliśmy jeszcze młodzi. Kiedy wyjeżdżaliśmy do Izraela, chcieliśmy przejść granicę z Czechosłowacją, ale nie przepuścili nas. Wróciliśmy. Jeszcze dziesięć lat zostałem na Dolnym Śląsku i nadal pracowałem w kopalni. Jeździłem do Warszawy, byłem delegatem jako jedyny Żyd, który pracował w kopalni. W końcu przyjechaliśmy do Izraela, to znaczy nie dali nam wyjechać, aż się zamienił rząd. Gomułka doszedł do władzy i pozwolił. Tak to było. I przyjechaliśmy tutaj, szukałem pracy, ale nie było łatwo, jedzenia też nie było, bo dawali na kartki.

Czy utrzymuje Pan kontakty z Polską, ma Pan tam znajomych, przyjaciół?

Jakub: Mam przyjaciół w wielu miastach w Polsce. Byli tutaj nieraz, Polacy z Warszawy robili film, nagrywali, chodziliśmy nad morze razem, byliśmy u mnie w mieszkaniu. Żyliśmy jak dobrzy koledzy, a kiedy wyjeżdżali, płakałem. Miałem wielu kolegów, ale już minęło tyle lat. Ale jak żyła moja żona, to myśmy rozmawiali w domu po polsku. Polska jest mi jeszcze winna, ponieważ ja dziesięć lat pracowałem w kopalni po wojnie. Były delegacje z Ameryki, chcieli mnie zabrać do Ameryki, ale ja nie lubiłem tak jeździć.

Jakie jest Pana ogólne wspomnienie Polakach?

Jakub: Są różni ludzie na świecie, dobrzy i niedobrzy. Czasem się zdarzy pośród tysiąca ludzi jeden, co będzie zły. W zasadzie to nie mam złych wspomnień, dawali nam jedzenie.

Gienia

Gienia was born in 1924 in Kołomyi, Ukraine. She will tell about her biography over the course of the interview. We met her in a retirement home in Ramat Gan in the outskirts of Tel Aviv on September 21st, 2016.

Proszę opowiedzieć o swoim dzieciństwie.

Gienia: Chodziłem do szkoły w Kołomyi na Ukrainie. W 1939 roku zajechało do nas wojsko rosyjskie. To było święto Rosz Haszana - Nowy Rok. Wszystko rozrabowali... Przez trzy tygodnie wojsko rosyjskie wysłało całą młodzież do kopalni węgla w Rumunii. Tam było już pełno młodzieży, więc powiedzieli, że będziemy jeszcze jechać. Może tydzień, może dwa... Jechaliśmy sześć tygodni do Gruzji. Posłali nas na plantację herbaty, bardzo trudno było tam pracować, było bardzo gorąco. Dostaliśmy białe kapelusze i białe fartuchy. Wyjechałam stamtąd do miasta z mamusią i młodszą o dziewięć lat siostrą. Była tam wielka fabryka, w której wyrabiano cienką, złotą niteczkę - i tam pracowałam. Dostawałam cienki placek do jedzenia, później był obiad, więc było mi tam dobrze. Któregoś dnia biegł za mną młody Uzbek i krzyczał do mnie po rosyjsku: „Dziewczynko! Jestem Żydem, nie bój się mnie!”. Kiedy przyszłam do domu, opowiedziałam o tym mamusi. Wieczorem wychodziłyśmy z dziewczynkami spacerować. Któregoś dnia jednej z nas brakowało, a była to córka rabina. Wróciłam z płaczem do mamusi, wszystkie dziewczynki razem ze mną. Na trzeci dzień przyprowadzono dziewczynkę w to samo miejsce. Mamusia bez żadnych pytań wzięła ją na ręce i przekonała ją, że wszystko w życiu może nas spotkać i po prostu niech o tym zapomni. Postanowiłyśmy, że trzeba stamtąd wyjechać. Popłynęliśmy - ja, siostra, mamusia, dziewczynki i chłopcy - na Ukrainę okrętem. Każdy miał przy sobie parę groszy. Na noc zostaliśmy w porcie, tam nas obrabowano, nie mieliśmy nic, żeby móc pojechać dalej. Wtedy podeszła do nas kobieta, która spytała: „Rozumiecie po rusku?" Odpowiedzieliśmy, że tak. Powiedziałam jej, że ukradziono nam pieniądze. Kobieta wzięła nas do siebie i dała coś do jedzenia, chłopcom pościeliła na podłodze, a dziewczynkom, gdzie tylko się dało. Następnego dnia zjedliśmy śniadanie i dostaliśmy od niej pieniądze na bilet, żeby dojechać pociągiem do Perwomajska. Podziękowaliśmy jej, ucałowaliśmy ją za to, co dla nas zrobiła i odjechaliśmy. Stamtąd poszliśmy zameldować się jako uchodźcy. Dostaliśmy pracę, a po pracy siedzieliśmy na stacji kolejowej i czekaliśmy, aż przyjedzie moja mama i siostra. W tym samym miesiącu wybuchła wojna. Kupiliśmy konia, mieliśmy też furkę. Była z nami kobieta w ciąży z mężem, moja mamusia, ja i siostra. Zaczęliśmy iść po górach, żeby gdziekolwiek dojść, a silne deszcze jeszcze bardziej nam to utrudniały. Koń już ledwo ciągnął, gdy doszliśmy do jakiejś wsi. Przy szosie zauważyła nas starsza kobieta, przyniosła nam cały bochenek chleba. Powiedziała, że na tej wsi już nikogo nie ma. Z nieba zaczęły spadać bomby, a my szliśmy dalej. Ktoś krzyknął: „Stój! Będę strzelać!" Stanęliśmy, a on wziął nas do lasu. Tam był sztab. Dali nam chleb. Nad ranem przywieźli bańki z mlekiem. Jechaliśmy koleją, którą wieziono czołgi i armaty. Dojechaliśmy do jakiegoś miejsca, wtedy nagle podpalili całe pole pszenicy. Ktoś wyskoczył, komuś nogi odcięto, a kto miał szczęście, ten został przy życiu... Znowu się zatrzymaliśmy, maszynista powiedział, że musimy zejść, ale niedaleko jest wioska i możemy się tam zatrzymać. Ciężko pracowałam w polu przez cały dzień, a w nocy spałam na ziemi ze wszystkimi. Była tam babuszka, która dawała nam po kawałeczku chleba - zawsze się modlę o to, żeby była w niebie za to, że niejeden raz uratowała nas od głodu. Przyszedł jej zięć i spytał: „Mamo, gdzie twoi Żydzi?" Ona odpowiedziała, że u nich nie ma żadnych Żydów. Zięć z nożem w ręku za-

groził, że nam wszystkim odetnie głowy. Babuszka wepchnęła
go do pokoju, dała mocną kawę i powiedziała, że jak się obu-
dzi, przyniesie mu wódkę. Gdy tylko wyszła z jego pokoju,
dała nam po kawałku chleba, żebyśmy mieli siłę uciekać. Fur-
manką jechała kobieta z mężem, zatrzymali się i pojechaliśmy
z nimi. Tam też już spadały bomby... Zdążyliśmy stamtąd
uciec. Nie mieliśmy ze sobą żadnego bagażu, tylko dzbanek na
wodę, który niosła moja siostra. Znowu jechaliśmy pociągiem.
Mamusia bała się, że mnie stamtąd wyrzucą, kiedy pociąg się
zatrzymał. Wtedy klęknęła z jedną nogą pod kołem. Chciałam do niej skoczyć, ale mnie złapali i zaczęli mnie przekli-
nać. Pociąg znowu się zatrzymał, chciałam biec, ale mi nie
pozwolili. Słyszałam tylko z daleka: „Gieniusiu! Gieniusiu!"
Mamusia była cała w krwi, przynieśli ją i kazali mi ją nieść.
Zawieźliśmy ją do szpitala i tam już została... Potem zachorowałam na tyfus. Przeleżałam miesiąc, nawet nie wiedząc, że
jestem chora na tyfus. Ten na górze chciał, żebym została i
mogła żyć. Po miesiącu byłam już tak wychudzona, że prawie
nie miałam piersi. Trzeba było iść do szpitala, cały dzień pie-
szo. Doszłyśmy z siostrą pod wieczór, z jedną pałką w dłoni
i dzbanuszkiem, który był jedynym naszym bogactwem. W
szpitalu napisałam karteczkę: „Mamusiu, jeśli ty żyjesz, my,
Gienia i Basia jesteśmy na dole". Nie pozwalali nam wejść do
szpitala, nawet nie mogłyśmy przejść przez bramę. Mamusia
skakała na jednej nodze o kulach, nawet przyniosła nam za
cały miesiąc trzydzieści kawałeczków chleba, których sama nie
jadła. Kobieta, która leżała obok, pytała mamusię, czemu ona
to wszystko odkłada. Mamusia odpowiedziała: „Ja nie mogę
jeść. Mam dwoje dzieci, może przyjdą". Ciężko pracowałam
w kołchozie na wsi. Nawadniałam owoce. Do dzisiaj cierpię
przez to na nogi, ledwo chodzę. Mamusia po dwóch miesiącach
wróciła o kulach i od razu zachorowała na tyfus. Nocami dy-
żurowałam tam, gdzie rosną winogrona. Były takie malutkie
i bardzo kwaśne, ale byłam bardzo głodna... Zachorowałam
na dyzenterię. Nigdzie nie było żadnych leków, nawet ranni

w szpitalach ich nie dostawali! Moja mamusia bardzo ciężko zachorowała. Dostałam wóz, żeby zawiózł nas czterdzieści kilometrów do szpitala. Przeleżała tam pięć dni. Codziennie z rana, jeszcze przed pójściem do pracy, chodziłam do niej. „Mamusiu, dzień dobry!" Piątego dnia nikt mi nie odpowiedział... Co piątek zapalam znicze i proszę Boga, żeby ta babuszka, która uchroniła nas od ścięcia głów, była w niebie. Była jeszcze jedna kobieta, która uratowała mnie, gdy zachorowałam na dżumę. Dostałam pięć koni, żebym je czyściła i karmiła. Jeden z nich był tak spragniony, że chciał mi zabrać wodę i uderzył mnie, a ona wyskoczyła i mnie uratowała. Pracowałam z końmi i tak przeżyłam tam pięć lat. Gdy już można było wyjechać w 1945 roku, to ja nie mogłam wyjechać, nie miałam nic. Kim ja jestem? Gdzie ja jestem? Skąd ja jestem?

A czy ma Pani jeszcze jakieś wspomnienia, jeśli chodzi o Polaków? Dobre, złe? Jacy byli wobec Pani?

Gienia: W klasie były różne dzieci - Żydówki i Polki, i ja byłam...

A czy to dobre wspomnienia?

Gienia: Tak, to dobre wspomnienia. Byli Polacy bardzo dobrzy. Byli też Polacy, którzy mówili: „Precz z Żydami, Żydówki z nami"... Chodziłam z koleżanką, Polką do kościoła. Powiedziałam jej tak: „Powiedz mi, kiedy trzeba klęczeć, powiedz, kiedy trzeba się przeżegnać". I lubiłam z nią tam chodzić. Są Żydzi dobrzy, są Żydzi nachalni, są Żydzi-chamy i są Żydzi nadzwyczajni... Tak samo jest z każdym - nieważne, czy z Polski, Rumunii, Maroka, Rosji, Ameryki... Skąd by się nie było, jest się człowiekiem. Bolało mnie, że na sklepie było napisane: „Precz z Żydami, Żydówki z nami". Bolało mnie, gdy byłam w parku, a tam grupa chłopaków machała scyzorykami w moją stronę i mówili, że zrobią mi krzywdę.

A była Pani w Polsce niedawno?

Gienia: Nie, nie byłam w Polsce. Nie byłam w Polsce dlatego, że Eichmann pracował w Polsce. Trzydzieści tysięcy ludzi kopało jamę i przypadkowo jeden z tych trzydziestu tysięcy został zakopany żywcem. Jego córka była moją koleżanką, siedziałyśmy obok siebie w szkole. Udało mu się odkopać i uciec do lasu. Był głównym świadkiem w procesie Eichmanna. Znalazł mnie, kiedy byłam tutaj, w Izraelu . Zauważył, że jestem podobna do mamusi. Wtedy powiedział: „Ty jesteś Tratner! Ja twoją mamę znam”. Opowiedział mi, że widział ciało mojego wujka, wpadającego do grobu. Była tam cała moja rodzina...

Vitali Liberov

Mr Liberov will introduce himself in the course of the interview, which took place in Nuremberg on March 8th, 2017. The interview was conducted in Russian and translated into English for this publication.

Could you please tell us something about yourself first?

Vitali Liberov: My name is Vitali Liberov. I am forty years old. I am an entrepreneur. I was born in Bryansk, Russia. I was raised as a usual Soviet kid, I was a *Young Pioneer*[14], then I joined *Komsomol*[15], so I was not familiar with religion. But as I was growing up, I remember men in our family going together somewhere several times a year, whispering about something, coming home with big slices of matzah wrapped up in paper, and things like that. But it all was so strange to me that I did not pay attention. The first moment I realised I was a Jew was when I came to the government office to receive my passport at the age of sixteen. The official asked me: "Kid, do you really want to be registered as a Jew?". I naively answered: "How could that be different?". It was the time of Perestroika, 1989 or 1990. The first branches of the Jewish Agency Sokhnut[16] started to appear in the Soviet Union, and that was the reason why I decided to discover my

---

[14]Communist scouting movement in the Soviet Union

[15]Communist youth organisation in the Soviet Union

[16]The Jewish Agency for Israel (Hebrew: *HaSokhnut HaYehudit L'Eretz Yisra'el*) is a Jewish non-profit organisation founded in the early 20th century that seeks to connect Jews worldwide with their people and heritage, primarily by fostering immigration to Israel (*aliyah*). With the collapse of the Soviet Union, many thousands of Jews emigrated from its territory into Israel. The Sokhnut supported this process.

origin. I discovered that my grandparents spoke Yiddish in their youth, my grandmother's original name was not Galina as I thought, but Golda. The fear of the Soviet system was so great that everybody in our family was afraid of talking about their Jewish origin. That is why I knew only a few words in Yiddish, as elderly people in our family used them occasionally. And there I was standing with my passport, in which the word "Jew" was written down, and I knew nothing about that. That is how I became an extremely active member of the Sokhnut Bryansk branch. I started working as a *madrich*[17] and I liked it. It was really amusing because we had to organise camps for children without any knowledge of Judaism and traditions. So, there were evenings and nights before the events when we had to study ourselves. That was quite an interesting time. Then my parents decided to emigrate to Germany. It was quite a difficult decision for me personally. I was not fond of my parents' decision because I wanted to go to Israel. But it was not for me to decide, that is why in 1996, I came to Germany, and now I live in Germany for a longer time than I lived in Bryansk. When I came to Germany, I directly applied to the Central Council of Jews in Germany. That is how I became a member of a Jewish community.

Is it correct that you realised that you are a Jew at the age of sixteen?

Vitali Liberov: I always knew I was a Jew. Even as a kid, I had to fight with other kids who were mocking me because I was a Jew. But until the age of sixteen, I never considered myself as a Jew religiously. It is hard to explain that there is a difference between being Jewish in ethnicity and being Hebrew as a religion. But at the age of sixteen, I decided not to distinguish these two meanings – I accepted both ethnicity and religion.

---

[17]Hebrew word for guide, leader.

What about your relationships with other children before the age of sixteen?

Vitali Liberov: I do not want to say that I was an unhappy child. In Soviet school, it was officially not acceptable to discriminate people by ethnicity because all were *Little Octobrists*[18], then Young Pioneers, and so forth. If someone was trying to say something bad about Jews in school, then the teacher had to punish this kid. State propaganda showed the Soviet Union as a multi-national state of fraternal friendship among the peoples, but in fact, there was a huge control over the number of Jews accepted to universities, so-called quotas. In the streets, of course, there was anti-Semitism among the children.

How did your family preserve Jewish traditions?

Vitali Liberov: In a very rudimental form. For example, my grandparents used not to eat pork, not to eat bread during Passover or to restrain themselves from food during Yom Kippur. It was not the question of preserving traditions, but rather some little nuances. And, of course, no Yiddish could be spoken. But, by the way, when I came to Germany, I surprisingly discovered that German people, especially elderly in Bavaria, use some Yiddish words without realising it. For example, "Massel", which means "happiness", or "Tacheles", which means being honest or speaking the truth.

How did you become a member of the Jewish Community of Nuremberg?

Vitali Liberov: I just came to the synagogue for daily prayer and I got acquainted with other members. I wanted to keep doing what I was doing in Bryansk. Luckily, the Jewish emigration from post-Soviet countries started and I got a lot of

---

[18]Soviet communist organisation for children of age between 7 and 9.

friends for whom Russian was their native language. And of
course, there is a peculiarity of Judaism, that whenever you
pray, whenever you celebrate Shabbat or any other holiday,
there are people in every country of the world that are doing
the same. That is why you cannot be alone. I was never alone
when I became a member of Nuremberg community.

**Is the Jewish community of Nuremberg different
today from what it was like when you came?**

Vitali Liberov: Tremendously. I came before the large wave
of emigration started. Before that, the people at the synagogue
could not gather for the *minyan*[19] to read the prayer. But at
the end of the 1990s, the community got a lot larger. There
are many members of the community who regularly attend
ceremonies. We have a nursing home, a big hall for events,
classes for youth, we even think about opening a kindergarten.
Sometimes hundreds of people attend celebrations. But of
course, we have also other kinds of events, for example lectures, classes, conferences. We invite people from other organisations, everybody is welcome. I think that Nuremberg is
getting a new "face" thanks to the growing Jewish community,
because German people are interested in coming to us.

How many Jews live in Nuremberg at the moment?

Vitali Liberov: I know that there are two thousand members
of our community and I think it is forty percent of all Jews
in Nuremberg. Actually, our community is not the only one.
It just happened historically that there is also Chabad community and several alternative groups. These groups even have
their own rabbis who are less conservative. Our community
is a classic orthodox community. Our liturgy was written in
the middle of the 19th century specifically for the needs of our
community.

---

[19]Gathering of ten adult men required for a prayer in Judaism.

52

Does your community have contacts with Israel?

Vitali Liberov: We have Hebrew classes. Nuremberg's sister city is Hadera, that is why we have exchange programmes with Israeli schools. Many Israeli students come to Nuremberg and especially to our community.

Do you think that there is anti-Semitism in German society?

Vitali Liberov: My answer would be very subjective. I just want to remember the summer of 2014 when there was a military operation in Gaza. At this time, I was really afraid because everyone – far-right, far-left, Muslim organisations – united in hatred against the Jews. People were out on the streets shouting anti-Semitic things like *"Hamas, Hamas, Juden ins Gas"* ["Hamas, Hamas, Jews to the gas"] and the police did not do anything to stop them. A huge crowd of young men broke into the main station building because they thought the owners of Burger King and McDonald's are Jews, whereas in Nuremberg, these stores belong to Muslims. They vandalised the building because of hatred for the Jews. That is why I can definitely say that there is anti-Semitism in Germany. I think there is a huge gap in the educational system. After the war, the topic of the Holocaust was broadly discussed at schools in Germany. Moreover, there were people who survived during the war and they could tell a lot. Nowadays, there are many children at schools to whom the topic of war and the Holocaust is not as close as to people of my generation. Unfortunately, to children from some Muslim families, the topic of the Holocaust is irrelevant, or they consider it to be fake. In my opinion, this is a problem or the educational system. There is no unified system of teaching history among the *Länder* in Germany. There is no unified curriculum. Of course, there are standards set by the Ministry of Education, but in the end, everything depends on the teachers, who often are afraid to have a discussion. That is why many teachers just tell pupils to write an essay on Spielberg's Schindler's list, which does not show the Holocaust. Speaking about reasons of anti-Semitism, I would like to refer to the director of Sokhnut, Nathan Sharansky. He developed the so-called "Three D" test of anti-Semitism: deligitimisation, demonisation, and double standards. Each of these "three Ds" is a basic of anti-Semitism. Some people say "Yes, Israelis are entitled to protect themselves, but at least, they have automatic rifles, Palestinians do not.", or "Yes, Jews were killed during the war, but other peoples were killed, too". Nowadays, anti-Semitism is not as primitive as before because some people tend to hide anti-Semitism under the fight against capitalism and globalism. Some tend to use euphemisms like "antizionism" or "critique of Israel", which is a pure form of anti-Semitism. Sometimes, these are the same people that attack refugees, both in reality and on social media. People do not realise that anti-Semitism is not only a problem of Jews – it is a problem of society as a whole. Even when I speak with my German friends, they admit that they do not consider anti-Semitism as their problem. I remember that when I was a *madrich* in a Jewish camp in Frankfurt in 1998, some German kids sneaked in to the venue to see, as they said, how the Jews drink blood. This example shows how deeply anti-Semitism is rooted in society, and how different the forms are that it can take.

What can be done to fight anti-Semitism?

Vitali Liberov: First of all, we have to work with children. It is necessary to show at school the consequences of hatred and intolerance. Secondly, we must make our politicians listen. Of course, at the end of the summer of 2014 there was a huge manifestation in Berlin near the Brandenburg gate organised by the Central Council of Jews in Germany. Even Angela Merkel attended. Some politicians came and said right things, but most of them did not care. There are still fascist parties in

Germany which are not prohibited. It just changes its name from "German National Union" to "Gathering of German Nationalists" and then to "National Party of Germany". They pretend to be democratic, but in reality, everyone knows their nature. Despite being under surveillance by the *Verfassungsschutz* [Germany's domestic security agency], there were underground groups murdering people, vandalising shops and businesses. Unfortunately, the police are not efficient in catching them.

We would like to ask you about the *Forum für jüdische Geschichte und Kultur* [Forum for Jewish history and culture]. Could you please tell us about this organisation?

Vitali Liberov: This organisation is based in Nuremberg. I am a member of the managing board. It is a society which consists of Jewish and non-Jewish members. Our purpose is to tell about the history and traditions of Jews in Germany and in Nuremberg, particularly. We organise some events, lectures, we invite representatives of different confessions to discuss some topics, for example marriage, raising children, and so on. We also organise excursions and seminars.

Does the Forum speak about the Reformation and Martin Luther's attitude toward the Jews, about his anti-Semitism?

Vitali Liberov: Yes and this topic was especially interesting for Catholics. But Nuremberg is mainly a Protestant city, that is why it is not so easy to speak about this. Unfortunately, in some churches in Germany there is still such an anti-Semitic thing as the *"Judensau"*, "Jewish pig". Just a few years ago, stones from a Jewish cemetery were found in the floor of the southern tower of the *Lorenzkirche* in Nuremberg. The former chairman of the Community, Arno Hamburger, was working

on taking these stones out of the church. There were many
obstacles imposed by the Lutheran church. But we managed
to do it and now these stones are back on the cemetery. The
history of Jews in Nuremberg is very rich. One of the oldest
Jewish cemeteries is in Nuremberg. Actually, Nuremberg is
tragically connected to Riga, since many Nuremberg Jews were
deported to Riga and shot in Biķernieki forest during the War.
We also have a so-called Riga Committee, which is working on
commemorating those people.

David Geballe

*David Geballe (*1981) grew up in Hamburg. At the age of 16, he began to work as a youth leader with Jewish youth. He studied in Berlin, New York, and Jerusalem. In 2006, he was ordinated as a rabbi. Since 2011, he has worked as a rabbi in Germany, first in Munich and then in Fürth, where he was in charge of the Jewish religious community at the time of the interview. In addition to the rabbinical activity, he was involved in the Jewish fraternity of students* (Jüdischer Studentenverbund Franken) *and the board of the Society for Christian-Jewish Cooperation* (Gesellschaft für christlich-jüdische Zusammenarbeit). *Since September 2017, he is in charge of the Jewish community of Duisburg-Mülheim/Ruhr-Oberhausen as Chief Rabbi.*
The interview took place in Fürth on March 27th, 2017.

Könnten Sie sich zu Beginn kurz vorstellen?

David Geballe: Mein Name ist David Geballe, geboren bin ich im fernen Hamburg, bin jetzt seit nicht ganz sechs Jahren Rabbiner hier in der Gemeinde und habe dementsprechend viel Kontakt mit den Gemeindemitgliedern, aber auch mit den anderen Gemeinden hier in der Umgebung. Dadurch habe ich auch einen relativ guten Einblick, wie diese momentan stehen.

Wie sieht dieser Einblick aus?

David Geballe: Dass es seit der Syrienkrise dadurch schwieriger geworden ist, dass hunderttausende Leute mit einem muslimischen Erziehungshintergrund, die nach Deutschland gekommen sind, von klein auf durch die Eltern und Medien in den arabischsprachigen Ländern nicht gerade zu Judenliebe erzogen worden sind und ein ganz anderes Bild haben, was Juden oder Nicht-Muslime angeht. In den letzten vier Jahren stammen nach meiner Erfahrung die allermeisten Probleme aus diesem Klientel. Das soll nicht heißen, dass es unter Deutschen oder anderen Europäern keinen Antisemitismus gibt oder gegeben hat, aber der wird heutzutage als „Israelkritik" verkleidet oder damit gerechtfertigt, dass man „so etwas unter Freunden ja noch sagen darf". Muslimisch geprägter Antisemitismus ist oftmals noch direkter Antisemitismus oder teilweise noch Antijudaismus – was es in Europa in dieser Form und Ausprägung seit 150 Jahren nicht mehr gibt. Aber Antisemitismus bleibt Antisemitismus, egal, wie er sich verkleidet.

Gibt es mehrere Formen des Antisemitismus? Welche würden Sie da aufführen?

David Geballe: Es gibt die drei Schulmeinungsansätze, angefangen vom Antijudaismus, der sich gegen die Religion selbst richtet und vor 150 bis 200 Jahren zum reinen Antisemitismus weiterentwickelt hat. Dieser wurde nicht primär auf die Religion, sondern auf das Volk bezogen. Nach dem Sechstagekrieg 1967 wurde das dann schleichend zu einem Antizionismus oder Antiisraelismus, bei dem die Israelis nicht mehr als Opfer des zweiten Weltkriegs, sondern als Täter angesehen wurden und damit das Feindbild waren. Das ist die Entwicklung der letzten Jahrzehnte.

Hat sich das in allen gesellschaftlichen Gruppen in Deutschland gleich entwickelt oder gab es da Unterschiede?

David Geballe: Klar, man kann die verschiedenen Gruppen kaum miteinander vergleichen. Jemand, der in einem muslimisch geprägten Land aufwächst, wo im Fernsehen offiziell Kinderserien laufen, in denen Juden als Nichtmenschen dargestellt werden - wenn dieses Kind einmal erwachsen wird, hat es gar nicht die freie Wahl, Juden nicht zu hassen. Es ist so in diese Person und ihre Psyche eingebaut, dass es schon wirklich einen sehr besonderen Menschen braucht, um diese Kette zu durchbrechen.

Meinen Sie, das kommt vor?

David Geballe: Es gibt durchaus ein paar berühmte Beispiele. Zum Beispiel den Sohn von einem der Hamas-Führer, der diese Kette durchbrochen hat. Der tritt auch auf, um diese Meinung nach draußen zu bringen[20]. Auf jeden Fall gibt es ein paar Leute, die diese Kette durchbrechen, das sind leider die Ausnahmen und nicht die Regel. Ich würde jetzt auch nicht unterstellen, dass automatisch jeder Muslim ein Antisemit sei, um Gottes Willen. Aber es sind bestimmte Vorurteile, die vor und insbesondere nach 1967 durch diese Kultur geprägt wurden, mit den „drei Neins" gegen Israel, kein Frieden, keine Anerkennung, keine Verhandlungen. Das hat sich zu einem politisch geprägten Antisemitismus entwickelt.

Wie hat sich der Antisemitismus Ihrer Einschätzung nach in Deutschland nach dem Krieg entwickelt, abgesehen von den Leuten, die aus muslimisch geprägten Ländern kommen?

David Geballe: Es gab hier in Fürth und auch anderswo Fälle, in denen man nach dem Krieg mit dem offiziellen Persilschein Juden angepöbelt hat. Der Persilschein war auf dem Papier und nicht in den Köpfen der Leute. Vorstände der jüdischen Gemeinde durften sich dann Dinge anhören wie „Schade, dass wir dich nicht auch noch bekommen haben". Klar, das gab es immer nach dem Krieg, durch die ganze Geschichte durch, teilweise auch in der Justiz, weil die hohen Beamten irgendwo herkommen mussten. Es war so, dass Altbeamte mit übernom-

---

[20]Gemeint ist Mosab Hassan Yousef, der ältere Sohne des Hamas-Mitbegründers Hassan Yousef, der von 1997 bis 2007 Informant der israelischen Inlandsgeheimdienstes Shin Bet war.

men wurden, die auch in der Nazizeit eine nicht unwichtige Rolle gespielt haben.

Glauben Sie, dass diese Übernahmen tatsächlich notwendig waren?

David Geballe: Klar ist, dass Anfang der Fünfziger einfach Polizisten, Richter und sowas gebraucht wurden. In der DDR war das anders, weil dort Leute aus der Sowjetunion hingeschickt und eingesetzt wurden. Inzwischen gibt es historische Nachforschungen, laut denen auch dort nicht alle Beamten und Parteifunktionäre während der Nazizeit eine wirklich weiße Weste hatten. Es war in beiden Deutschlands so, dass Leute mit übernommen wurden. Mussten sie, mussten sie nicht? Hinterher ist man immer klüger, aber bei manchen stellt sich die Frage, hätten die wirklich in so eine wichtige Position kommen sollen oder nicht?

Beschränkten sich diese Anpöbelungen gegen Vorstände der jüdischen Gemeinde auf die unmittelbare Nachkriegszeit oder zieht sich das bis heute hin?

David Geballe: In den Fünfziger und Sechziger Jahren gab es das alles, teilweise auch heute noch. Natürlich sind die ganzen Altnazis inzwischen nicht mehr in der Lage, so zu pöbeln. Wenn sie noch am Leben sind, sind sie in Alters- oder Pflegeheimen. Aber es vergeht keine Woche, in der jüdische Gemeinden in Deutschland nicht mit Drohbriefen – sowohl mit als auch ohne Namen – angeschrieben werden, die teilweise sehr deutlich bestimmte Gesetze brechen und nicht wirklich angenehm zu lesen sind. Als etwa die sogenannte Beschneidungsdebatte geführt wurde, war es sehr, sehr schlimm, da haben Leute mit hohem Bildungsgrad – Doktoren, Rechtsanwälte, teilweise auch Lehrer und Direktoren an Schulen – Briefe geschrieben, die unterhalb jeder Gürtellinie sind. Diese Leute hatten auch keine Probleme, ihre Namen, Adressen und

Titel in voller Gänze auf ihre Briefe zu schreiben. Nicht so wie früher, wo so etwas anonym und aus Zeitungsschnipseln gemacht war, das ist inzwischen selten geworden. Heute fangen die meisten Briefe mit so an: „Unter Freunden wird man das ja wohl noch mal sagen dürfen…" oder „Das sagen wir nur, weil wir ja euch so mögen" und so etwas wie „Aber was ihr mit den armen Palästinensern oder mit euren armen Kindern macht, das darf doch wohl nicht sein". Wenn ein Brief so anfängt, dann ist man sicher, entweder unten oder oben stehen der volle Name und die Adresse dieser Person. Es hat sich ein bisschen eingebürgert: Wenn man diesen magischen Satz sagt, „unter Freunden wird man das ja noch sagen dürfen", dann ist alles, was danach kommt, nicht mehr antisemitisch, sondern nur freundlich gemeint.

Ich denke, dass Antisemitismus ein Krebs ist, der niemals ganz geheilt werden kann. Es wird immer Antisemitismus geben, es hat ihn auch schon immer gegeben. Die Frage ist nur, ist er gesellschaftsfähig oder nicht? Während der Nazizeit war er sogar Staatsraison, was er Gott sei Dank seitdem nicht mehr ist. Heute wird keiner mehr öffentlich aufstehen und sagen „Ihr Juden seid so und so", sondern es ist eher Israel, das man angreifen kann. Genauso wie jetzt Anfang des Jahres, als ein deutsches Gericht entschieden hat, dass ein versuchter Brandanschlag auf eine Synagoge keine antisemitische Straftat, sondern nur eine politische Aussage gegen den Staat Israel im Gaza-Krieg ist, was für mich eine absolute Schweinerei war. Was soll man dazu sagen? Natürlich fällt diese Straftat dann nicht in die Kategorie von Antisemitismus und dadurch kann man auch diese ganzen Listen von antisemitischen Straftaten klein halten.

Gab es in den letzten Jahren auch Antisemitismus in Fürth, in Bezug auf den Gaza-Krieg zum Beispiel?

David Geballe: Zum Glück gab es in den letzten Jahren keinen gewalttätigen Antisemitismus in Fürth, aber mehr oder weniger verdeckten, in Form von Briefen, Anrufen oder E-Mails. Neulich erst kam eine E-Mail, die an mehrere Rabbiner und Gemeindevorstände und berühmte Juden gerichtet war und diese aufgefordert hat, zu einem Kriegstribunal vorstellig zu werden wegen Verbrechen gegen die Menschlichkeit und Sonstiges. Diese stammte von Leuten die nicht dem rechten Spektrum zuzuordnen sind, sondern eher dem linken.

Nochmal zu den Medien - Sie bekommen also Briefe, E-Mails und Anrufe?

David Geballe: Alle Möglichkeiten der Telekommunikation werden da ausgeschöpft.

Ich nehme mal an, in den sozialen Netzwerken ist der Antisemitismus weniger verkleidet oder versteckt, weil er dort anonym geäußert werden kann.

David Geballe: Man braucht nur auf YouTube gehen und irgendein Video, das mit Judentum zu tun hat, anzuklicken, und dann sieht man gleich zweierlei Arten von Kommentaren. Einmal die muslimisch geprägten, die dementsprechend anfangen, und dann die nichtmuslimischen, die dann mit Beschneidung oder sonst etwas anfangen. So etwas wird man überall finden, auf Facebook muss ich gar nicht eingehen. Als vor etwa drei Jahren die Beschneidungsdebatte war, war es dort sehr, sehr schlimm. Sobald irgendein Bericht in der Zeitung erschien, der auch online zu lesen war, gab es darauf natürlich Kommentare. Es war teilweise nicht mehr lustig, das mitzulesen, von irgendwelchen Pädophilie-Vorwürfen gegenüber allen Juden und so weiter.

Wie sieht es mit antisemitischen Äußerungen von einer esoterisch-tierschützenden Bewegung zum Schächten aus?

David Geballe: Gibt es auch, zum Glück sind die in Deutschland noch nicht so stark. In anderen Ländern, z. B. in der Schweiz, ist das Schächten verboten, was auch zum großen Teil vom Tierschutz mitgetragen wurde. Das Interessante ist, wenn man einmal mit diesen Leuten spricht und sie nach wissenschaftlichen Beweisen fragt, dann kommt eigentlich nur warme Luft zurück. Es ist nur ein Nebenthema, diese klassischen Angriffe gegen das Judentum sind genauso substanzlos wie sie immer waren. Das Krasseste, was ich einmal erlebt habe, ist, dass ein Lehrer mich bei einer Schulführung mit einer katholischen Religionsklasse gefragt hat, was für ein Blut heutzutage für Matzen benutzt wird. Am Anfang dachte ich, es wäre ein schlechter Scherz, aber das war es leider nicht.

In Fürth gab es einen ziemlich starken zivilgesellschaftlichen Widerstand gegen die Nazis und gegen den Antisemitismus, in Nürnberg hingegen hat sich die Arbeiterklasse zurückgezogen und nichts dagegen gemacht. Ist in Fürth jetzt noch etwas von einem besonderen zivilgesellschaftlichen Widerstand gegen rechte Gruppierungen zu merken?

David Geballe: Jein. Bei den Fürthern, die wirklich noch ein bisschen die Geschichte kennen, ist es immer noch ein bisschen im Kopf drinnen, dass Fürth eine Art fränkisches Jerusalem ist und so etwas. Das ist durchaus bewusst, aber weil die Gesellschaft heute allgemein viel schneller umzieht, stellt sich die Frage, wie viele von den in Fürth lebenden Menschen wirklich Fürther oder Franken in diesem Sinne sind. Ich meine, ich bin selbst keiner, und wird eine Person, die aus Berlin, aus Stuttgart oder ich weiß nicht was herkommt, wirklich wissen, was Fürth für eine Geschichte hat? Vielleicht nicht, vielleicht ja, vielleicht schafft sie es mal, hier ins jüdische Museum zu gehen oder so etwas, aber das war es auch schon. Das Wissen ist in dem Sinne heute nicht mehr so stark ausgeprägt, wie es früher mal einmal war. Man muss natürlich sagen, dass die Stadt

an sich, also beispielsweise der Oberbürgermeister, sich dessen
voll und ganz bewusst sind. Es gibt daher auch ein sehr gu-
tes Verhältnis zwischen der Stadt und der Gemeinde, in beide
Richtungen. Die Stadt hilft uns, wo immer sie kann, wir helfen
der Stadt, wo immer wir können. Das ist schon da, auf jeden
Fall gibt es also Überreste davon.

**Was halten Sie generell von der Bildung, die in
Deutschland über das Judentum vermittelt wird, also
in den Schulen oder auch anderswo?**

David Geballe: Ich erweitere das mal ein bisschen mit der
Bildung über den Zweiten Weltkrieg. Auf der einen Seite zu
viel, auf der anderen Seite zu schlecht. Das soll heißen, dass
die meisten Schüler, wenn wieder das Thema Holocaust oder
Zweiter Weltkrieg in der Schule hochkommt, sich denken „ah,
nicht schon wieder". Das ist natürlich genau das, was man
nicht erreichen möchte. Und an einer Schule, an der 80% der
Klasse aus Muslimen besteht, muss man natürlich ganz anders
unterrichten. Es gibt Berichte, ich habe von einer Lehrerin aus
Berlin gelesen, am deren Schule wirklich 90% der Schüler Muslime sind. Als dann Fotos von KZs gezeigt wurden, haben die
angefangen zu klatschen. Das ist natürlich genau das Gegenteil
von dem, was man damit erreichen möchte. Von daher denke
ich, es wäre sinnvoll, sich neue Konzepte zu erarbeiten, die
dann für die Lehrer quasi verpflichtend sind. Vielleicht nicht
ganz so oft, aber dafür wirklich besser.

**Was bieten Sie persönlich in der Gemeinde an? Füh-
rungen für Schulklassen haben sie schon erwähnt, gibt
es noch andere Sachen?**

David Geballe: Im Durchschnitt mache ich zwei Führungen
in der Woche. Meistens von Neuntklässlern, weil in der neunten Klasse andere Religionen sowie Traditions- und Toleranz-
begriffe im Lehrplan stehen. Manche machen es schon in der

vierten Klasse, obwohl ich das persönlich nicht so gerne mache, wegen des Alters und der Aufmerksamkeitsspanne. Wenn ich wirklich jede Anfrage annehmen würde, was rein zeitlich leider gar nicht mehr geht, würde ich manche Wochen mit zehn Führungen haben, aber es gibt Gott sei Dank auch genügend andere Dinge zu tun in einer Gemeinde, für die ebenfalls gesorgt werden muss.

Wie sind Ihre Erfahrungen aus den Führungen, sind die Schüler interessiert oder muss man sie wirklich dafür begeistern?

David Geballe: Es kommt darauf an. Meiner Erfahrung nach hängt es davon ab, wie gut die Kinder darauf vorbereitet wurden. Kinder in der neunten Klasse sind ja Jugendliche, meistens so um die 15 Jahre alt. Was ich eigentlich allen Lehrern mitgebe, wenn sie nach einer Führung fragen, ist „ja, aber nur wenn Fragen auch im Unterricht vorbereitet werden", ich muss hier ja keinen Frontalunterricht durchführen. Dafür ist mir meine Zeit viel zu schade. Wenn die Schüler einfach nur die Augen verdrehen und sich fragen, wann es endlich zu Ende ist, dann ist das eine Zeitverschwendung für sie und für mich. Das heißt, ich will diese Stunde sinnvoll nutzen und das funktioniert meistens dann gut, wenn die Schüler gut vorbereitet wurden.

Welche Fragen stellen Schüler Ihnen, wenn sie welche vorbereitet haben?

David Geballe: Es gibt Verschiedenstes. Es gibt Fragen, die sich aus dem Unterricht ergeben haben, auf die der Lehrer oder die Lehrerin keine Antwort wussten. Meistens gebe ich auch eine Einführung in das Judentum. Ich habe es leider oft gesehen, dass Lehrer bei dem Thema eine kleine Nachbildung gebrauchen könnten. Es kommt nicht nur vor, dass Informationen fehlen, sondern auch, dass teilweise wirklich falsche Dinge

beigebracht wurden. Ich erläutere die wichtigsten Dinge im
Judentum in einer Kurzfassung und dann bleiben wir bei ein
paar Themen stehen, die für Jugendliche vielleicht einen An-
reiz haben oder sie vielleicht selbst bewegen. Dabei entwickeln
sich meistens auch sehr viele Fragen.
Die meisten Lehrer, die kommen, sind Religionslehrer, weil es
dort im Lehrplan verankert ist. Geschichtslehrer hatte ich noch
nicht, wenn ich mich nicht täusche. Es gab mal einen Philoso-
phiekurs, aber Geschichte noch nicht.

**Und was ist mit anderen Gruppen, also Nicht-
Schülern?**[21]

David Geballe: Sind meistens das andere Spektrum, das
heißt Rentengruppen, meistens überwiegend von Kirchen oder
so etwas. Ich hatte auch schon einmal den Rentnerclub der Sie-
menswerke in Erlangen.

Wie sind da Ihre Erfahrungen?

David Geballe: Die Erwachsenengruppen sind meist fragak-
tiver, um es so auszudrücken. Es gibt aber auch dort Leute,
die – wie sie eben gesagt haben – nicht belehrt werden wollen.
Es gibt auch einige, die mit einer festen gebildeten Meinung
über Juden oder das Judentum herkommen und diese eigentlich nur bestätigt haben wollen. Ich hatte es schon ein- oder
zweimal, dass diese wirklich ausfallend wurden und meinten,
ich solle endlich mal die Wahrheit erzählen und nicht irgendetwas Geschöntes.

Wie reagieren Sie in so einer Situation?

David Geballe: Wenn der Rest der Gruppe nickend zu-

---

[21]Diese und die folgenden Fragen wurde im Interview zu einem spä-
teren Zeitpunkt gestellt und für die Veröffentlichung hier eingefügt, um
thematische Brüche zu vermeiden.

stimmt, ist es etwas anderes als wenn die Gruppe diese Person komisch anschaut und fragt, was da jetzt los ist. Natürlich reagiere ich in beiden Fällen anders. In der beschriebenen Situation habe ich, wenn zeitlich die Möglichkeit bestand, quasi jede einzelne Aussage dieser Person auseinandergenommen und gezeigt, wie schwach das doch eigentlich ist. Zum Beispiel, dass Matzen eigentlich aus Blut gemacht und nur heutzutage, weil es verboten ist, aus Getreide hergestellt werden. Das war dann auch wirklich einfach: „Gibt es hier einen Chemiker?". Zum Glück war jemand da, der sogar Lebensmittelchemiker war von Beruf. Den habe ich gefragt, ob er einen Prozess kennt, mit dem man Blut in eine weiße Masse transformieren kann, die auch noch essbar ist. „Nein, kenne ich nicht" – und wenn selbst der Lebensmittelchemiker das nicht weiß…

Das was eine Anspielung auf die Ritualmordlegende?

David Geballe: Ja, da gibt es Verschiedenes. Zum Beispiel auch, dass Frauen im Judentum unterdrückt oder schwach seien, viele absurde Schwachsinnigkeiten. Falsches oder schlechtes Wissen gibt es leider auch sehr häufig.
Hier in Fürth gibt es ein Weiterbildungszentrum des deutschen Zolls. Es hat sich seit etwa vier Jahren eingebürgert, dass Gruppen des deutschen Zolls in die Synagoge kommen und hier zollrelevante Dinge besprochen werden, zusammen mit einer Einführung in das Judentum. Das ist die dritte große Gruppe. Für eine Schulgruppe nehme ich mir ungefähr eine Stunde Zeit, für die Zollgruppen sind es eigentlich immer zwei oder zweieinhalb Stunden, weil meistens viele Fragen kommen und viel Praktisches für den Zoll-Alltag, was die Leute besprechen wollen. Das sind auch meistens die interessantesten Führungen für mich persönlich.

Welche praktische Bedeutung hat das für den Zoll?

David Geballe: Ein klassischer Fall wäre, dass diese Leute z.

B. in München oder Frankfurt am Flughafen beschäftigt sind
und eine Maschine mit israelischen Fluggästen reinkommt, die
einer Routineinspektion vom Zoll unterzogen werden soll, jeder kennt das. Und es kann mal passieren, dass dann einer
der Reisenden etwas forsch antwortet, zum Beispiel mit „du
durchsuchst mich doch nur, weil ich Jude bin, bist du etwa
ein Nazi?". Solche Sprüche, die völlig aus dem Nichts herge-
holt sind, aber leider von manchen benutzt werden, nach dem
Motto: „Angriff ist die beste Verteidigung, und wenn ich ihn
jetzt als Nazi abstemple, wird er sich nicht mehr trauen, mich
zu durchsuchen." Natürlich ist das ein Trugschluss. Man kann
sich damit auch eine Anzeige wegen Beleidigung einfangen. Es
gibt Tipps, wie man als Zöllner mit so einer Situation um-
geht und was man sagen oder tun kann, um sie ein wenig zu
entschärfen.

**Noch einmal zu den ganzen antisemitischen Angriffen,
denen Sie ausgesetzt sind: Setzen Sie sich mit denen
auseinander oder versuchen Sie lieber, sie zu ignorie-
ren?**

David Geballe: Je nachdem. Ich beschäftige mich mit allen
Briefen, E-Mails, etc., die reinkommen und nicht nur theore-
tisch bleiben, sondern z. B. sagen „Was macht ihr, ich werde
euch dafür büßen lassen". Solche Dinge werden natürlich an
den Staatsschutz weitergeleitet, um akute Gefahren erkennen
zu können und damit etwas dagegen getan werden kann. Gerade da muss man ganz klar unterscheiden zwischen denen,
die vergleichsweise harmlos sind, mit theoretischen Drohun-
gen, und denen, die wirklich Gewalttaten oder sonstiges an-
drohen.

**Archivieren Sie das selbst oder leiten Sie nur bestimm-
te Sachen weiter?**

David Geballe: Bestimmte Sachen werden weitergeleitet. Es gibt auch welche, die dermaßen außerhalb der Realität sind, dass sie schon fast wieder komisch sind. Manche meiner Kollegen sammeln die, damit sie nur ihre Mappe aufschlagen müssen, um wirklich gut darüber lachen zu können. Da denkt man sich manchmal, der Verfasser gehört eigentlich in die Klapse. Zum Teil landet so etwas auch einfach gleich im Mülleimer.

Haben Sie eigentlich mitbekommen, dass es vor sechs, sieben Jahren wieder eine antijudaistische Prozession nach Heiligenblut am Brombachsee gab?
In Heiligenblut, so die Legende, hat ein böser Jude einen armen Bauern angestiftet, eine Hostie zu klauen. Der böse Jude hat dann hineingestochen und die Hostie fing natürlich wieder zu bluten an, weil die Hostie ja der Jesus ist. Der böse Jude hat den Jesus also ein zweites Mal erstochen. Dann wollte der Jude seiner Strafe entgehen und konvertieren, in der Kirche von Spalt hat ihn dann aber bei der Konvertierung der Blitz erschlagen. Daraufhin ist Heiligenblut erbaut worden, das war einmal ein Kloster und jetzt ist es noch eine Gedenkstätte. Die Kolping-Gemeinde von Spalt hat vor etwa sieben Jahren diese antijudaistische Prozession, die schon 50 Jahre lang aufgehört hatte, erneut ins Leben gerufen. Da sind dann ein paar hundert Leute mit dem Boot nach Heiligenblut gefahren. Ich bin mit der Prozession mitgelaufen, habe dann einen Artikel darüber auf *HaGalil* geschrieben und da gab es eine große Diskussion. Seit der Artikel erschienen ist, ist auch die Prozession wieder gestorben. Da gab es ja noch eine ganz interessante Debatte. Der Pfarrer dachte, ich sei Jude und habe ihn deshalb kritisiert. Dabei würde er die Mesusa zweimal täglich küssen. Daran kann man gut nachvollziehen, dass Philosemiten, wenn sie von den Juden nicht geliebt werden, im Nu zu Antisemiten werden. Ist das auch Ihre Einschätzung?

David Geballe: Es gibt diesen Typus von Menschen durchaus. Es ist eigentlich so, dass diejenigen, die am lautesten schreien, dass sie keine Hilfe brauchen. diejenigen sind, die am meisten Hilfe benötigen. Genauso gibt es diejenigen, die sagen, sie lieben alle Juden, nur um das zu übertünchen, was sie im Inneren wirklich fühlen. Da kann man dann beobachten, wie das sehr schnell ins Gegenteil übergeht. Das beste Beispiel ist Martin Luther.

Wie finden Sie jetzt im Lutherjahr den Umgang mit Martin Luther?

David Geballe: Es gibt durchaus gute und ehrliche Ansätze, aber natürlich auch welche, die verschönern. Gute Ansätze gibt es z. B. beim evangelischen Bildungswerk hier in Fürth, das eine Veranstaltung mit dem Thema „Luther als Antisemit" gemacht hat. Die spricht das wirklich aus und erklärt dann im Vortrag, wie es ist, was man nicht schönreden kann und dass Luther nun mal nicht unfehlbar war. Dann gibt es andere Artikel, die das relativieren und entweder sagen, dass es nicht so gemeint war oder dass man es im Zusammenhang sehen muss und Luther kein Antisemit war.

Zur Struktur Ihrer Gemeinde: Es sind wahrscheinlich meistens Juden aus Osteuropa.

David Geballe: Es sind zum großen Teil sogenannte Kontingentflüchtlinge aus der ehemaligen Sowjetunion gewesen, die sind aber meistens schon in den neunziger Jahren gekommen. Also sind es auch schon über zwanzig Jahre, die die meisten hier sind. Bei denen, die schon in einem gewissen Alter hergekommen sind, war die Integration nicht ganz so erfolgreich, aber die jüngeren Leute sind voll und ganz integriert.

Werden die antisemitischen Angriffe, die sie miterleben, gegen die Gemeinde insgesamt gerichtet, oder

gibt es auch persönliche Angriffe gegen ihre Gemein-
demitglieder?

David Geballe: Briefe sind mir nicht bekannt. Es gibt sozusagen Spontan-Antisemitismus, das heißt, man man sieht z.
B. einen Juden auf der Straße und sagt ihm etwas oder spuckt
ihm vor die Füße oder sowas in der Richtung. Das ist aber
nicht organisiert. Vor zwei Jahren, als der Gaza-Krieg wieder
sehr heiß war, war es zum Beispiel so, dass Leute mich gefragt
haben, ob sie lieber vor und nach der Synagoge die Kippa ab-
nehmen sollen. Die hatten wirklich Angst, dass etwas passiert
– Gott sei Dank passierte nichts.

**Wie sieht es mit den ultraorthodoxen Juden aus, also
mit denen, die Schläfenlocken tragen?**

David Geballe: Davon gibt es ja nicht viele in Deutschland.
Es gibt durchaus ein paar, aber auch da kann man es so machen, dass nicht gleich offensichtlich ist, dass man jüdisch ist.
Aus Sicherheitsgründen ist das vielleicht nicht die schlechteste
aller Ideen.

Haben Sie das Ihren Mitgliedern geraten?

David Geballe: Ja. Wir haben anfangs darüber gesprochen,
bei den hunderttausenden Muslimen, die nach Deutschland
gekommen sind in den letzten zwei Jahren. Sicherlich würde
keiner bei Verstand sagen, dass alle von denen gewalttätige Antisemiten sind oder sonstiges, um Gottes Willen. Selbst wenn
man aber sagt, dass nur ein Prozent oder 0,1% davon gewalttätige Antisemiten sein würden, sind das bei fast einer Million,
die ins Land gekommen sind, immer noch sehr viele. Und es
braucht nicht viele, um etwas zu tun.

**Würden Sie den spontanen Antisemitismus nur Leu-
ten, die als Flüchtlinge gekommen sind, zuordnen?**

David Geballe: Nein. Man muss nur auf den Fußballplatz gehen, wo „du Jude" eine typische Beleidigung ist. Das ist heute leider in der Jugendkultur und teilweise auch im Sport sehr tief verankert. Die Schule ist nun mal ein Schmelztiegel, in dem viele Dinge zusammenkommen.

Wissen Sie etwas von Initiativen oder Zusammenarbeit speziell mit Sportvereinen, um den Antisemitismus der Fans zu bekämpfen?

David Geballe: Berühmt ist in größeren jüdischen Gemeinden der sogenannte Sportverein Maccabi, der vor allem im Fußball immer große Probleme hat. Egal, in welcher Liga sie spielen, es kommt oft vor, dass im gegnerischen Team z. B. sehr viele Muslime sind und die Fans, also deren Familie, Freunde, etc. teilweise negativ auffallen. Das hat auch schon zu Sperren und Strafen geführt. Es gibt in dieser Hinsicht auch Versuche, das ein bisschen einzuschränken und dagegen zu wirken, aber Fußball ist nun mal der Breitensport schlechthin und nicht in jedem kleinen Dorf gibt es eine jüdische Gemeinde, die das Know-How, die Zeit und auch die Manpower dazu hätte, da wirklich groß einzugreifen.

Machen die Spielvereinigung in Fürth oder der FC Nürnberg da etwas?

David Geballe: Fürth war schon immer als judenfreundliche Stadt bekannt, und das gilt auch heute noch. Vor dem Krieg waren viele Spieler von Greuther Fürth jüdisch. Zur Veranstaltung am 9. November sind bei uns auch immer ein paar Spieler von Greuther Fürth dabei. Selbst wenn sie keine offizielle Ansprache halten, sind sie trotzdem da, um ein Zeichen zu setzen. Also da gibt es durchaus Vereine, die auch dagegen aktiv sind.

Dr. Katja Wezel

Dr. Katja Wetzel has been a research assistant in the project "The cosmopolitan city. Riga as a Global Port and International Trade Metropolis (1861-1939)" at the Seminar for Medieval and Modern History of the Georg-August University Göttingen.

Her research focuses on the history of the Baltic countries, especially Latvia, on history politics and culture of remembrance, nationalism and ethnic conflicts, as well as spatial history and digital history.

From 1999, she studied history and English in Heidelberg, Aberystwyth and St. Petersburg; her Ph.D. thesis at the Ruprecht-Karls-University Heidelberg is titled "History as Politics. Latvia and the Historical Reappraisal after Dictatorship". From 2013 to 2018, she worked in the field of history at the University of Pittsburgh. We interviewed her via Skype on June 30th, 2017.

Inwiefern haben Sie sich mit Antisemitismus in Lettland auseinandergesetzt?

Katja Wezel: Ich habe meine Dissertation zur Aufarbeitung des Kommunismus in Lettland geschrieben.[22] Dabei habe ich mich ursprünglich gar nicht mit der Frage auseinandergesetzt, wie Lettland mit seiner nationalsozialistischen Vergangenheit umgegangen ist. Aber mir ist relativ schnell klar geworden, dass die beiden Themen immer wieder zusammenfallen, gerade bei der teilweisen Verwendung des Genozid-Begriffs. Es gibt bestimmte Gruppen oder auch Wissenschaftler, die diesen auf die sowjetischen Deportationen in Lettland anwenden, insbesondere die beiden großen Wellen 1941 und 1949. Da habe ich

---

[22]Wezel (2016)

mich natürlich gefragt, inwiefern es eine Auseinandersetzung mit der jüdischen Geschichte und mit dem Holocaust in Lettland gibt. Dabei habe ich herausgefunden, dass der Holocaust als eine Art Vergleichsfolie verwendet wird. Natürlich liegt der Hauptfokus für die Letten auf der Aufarbeitung des Kommunismus und auf der Aufarbeitung der Verbrechen Stalins. Dann erfolgt ein Rückgriff nach dem Motto: Der Holocaust wurde aufgearbeitet und das müssen wir jetzt auch mit den Verbrechen Stalins tun. Dieses Vergleichsmoment birgt natürlich bestimmte Problematiken in sich und das habe ich primär untersucht. Meine These ist, dass in Lettland ein ganz starkes Augenmerk auf den Molotow-Ribbentrop oder Hitler-Stalin-Pakt gelegt wird, der als der Beginn allen Übels betrachtet wird. Dem wohnt dieser Vergleich der Verbrechen schon inne, denn wenn Sie sagen, damit hat alles begonnen, Hitler und Stalin haben sich verbündet gegen uns Kleine – so wird das aus lettischer Sicht wahrgenommen – dann ist dem implizit, dass die Verbrechen von Hitler und von Stalin auf gleiche Weise begangen wurden und deswegen auf gleiche Weise aufgearbeitet werden sollten. Weshalb der Hitler-Stalin-Pakt so zentral ist, geht dabei zurück auf den Beginn der lettischen Unabhängigkeitsbewegung.

Gab es die Bewertung, dass es unter der deutschen Besetzung besser gewesen sei, auch rückblickend von Letten, und gibt es das noch heute?

Katja Wezel: Kaum, ich habe immer den Eindruck, die Letten interessieren sich relativ wenig für die nationalsozialistische Besatzungszeit. Während der 50 Jahre Sowjetherrschaft wurden die Deutschen natürlich als die Faschisten und die Schlimmsten dargestellt und heutige Letten sind natürlich durch diese Schulbildung gegangen. Dass es heute noch ganz alte Leute gibt, die sagen, so schlimm war das gar nicht unter den Deutschen, halte ich zahlenmäßig nicht für sehr relevant. Die sowjetische Periode, in der das Thema auf eine ganz andere

Weise unterrichtet wurde, war da prägender.

Immer am 16. März wird in Riga die SS geehrt. Das spricht doch dafür, dass es auch heute noch Letten gibt, die das irgendwie verherrlichen.

Katja Wezel: Das kann man so nicht sehen. Ich weiß, dass das von Deutschen gerne so wahrgenommen wird. Denn aus deutscher Sicht ist die SS natürlich gleichbedeutend mit den schlimmsten Naziverbrechern, weil sie die Konzentrationslager überwacht haben und so weiter. Man muss aber auch verstehen, dass die Letten die SS gar nicht so sehen. Es liegt schon am Namen, dass es aus lettischer Sicht nicht die SS ist, die da marschiert, sondern die sogenannte Lettische Legion. Diese wird quasi völlig losgelöst betrachtet von der SS. Viele der Letten, die das positiv sehen und sagen, denen müsse man doch gedenken, haben überhaupt gar keine Ahnung, was die SS war. Aus lettischer Sicht war die Lettische Legion eine verkappte Nationalarmee, die versucht hat, Lettland zu befreien oder zumindest dafür zu sorgen, dass Lettland nicht erneut von den Sowjets besetzt wird, denn das war das Schlimmste. Aus lettischer Sicht ist es tatsächlich so, dass es den Letten unter der nationalsozialistischen Besatzung besser ging, denn es wurde niemand deportiert oder verhaftet, es sei denn man war jüdisch. Wenn man ethnisch lettisch war, dann ging es einem unter der nationalsozialistischen Besatzung auf jeden Fall besser und man war sicherer vor Deportationen, Verhaftungen, etc. als unter sowjetischer Besatzung.
Als diese Lettische Legion 1943 gebildet wurde, haben die Letten das so interpretiert: „Wir versuchen, unser Land vor den Bolschewisten zu schützen." Davon gibt es Poster. Es ging also gegen die Bolschewisten. Ob auf der Uniform das SS-Zeichen war, war für die Letten völlig irrelevant. Wichtig war für sie, dass auf dem Gewehr trotzdem das Zeichen Lettlands klebte. Es handelte sich um eine Fremdenlegion, die die Nazis ausgenutzt haben, indem sie sagten: „Wir brauchen Kanonenfutter,

wir brauchen Leute, die für uns kämpfen." Sie haben einen Deal mit den lettischen Militärs gemacht. Diese haben aber von vornherein gesagt, wir kämpfen nicht an der Westfront. Das war eine Kampftruppe, die auch nicht in Konzentrationslagern eingesetzt wurde, der kämpfende Teil der SS war letztendlich nichts anderes als eine Fremdenlegion, ein Teil der Wehrmacht. Nur da man keine Ausländer in die Wehrmacht aufgenommen hat, hat man diese ausländischen SS-Legionen gebildet. Sie haben also von vornherein gesagt, wir kämpfen nicht gegen die Amerikaner und nicht gegen Großbritannien, wir kämpfen nur an der Ostfront gegen die Sowjets, und das haben sie dann auch gemacht. Die Lettische Legion hat mit dafür gesorgt, dass Kurland in sechs Schlachten nicht besiegt und besetzt wurde. Kurland war bis zum Schluss unter nationalsozialistischer Herrschaft.

Nach der Kapitulation am 9. Mai hatten viele der Letten, die da gekämpft hatten, im Prinzip nur zwei Optionen. Sie konnten versuchen, noch übers Meer nach Schweden zu fliehen, was auch ein paar gemacht haben. Dann konnten sie versuchen, in die Wälder zu gehen und sich zu verstecken, was auch manche getan haben. Das war sozusagen der Ursprung von den sogenannten Waldbrüdern, die noch bis in die 50er Jahre als Partisanen gegen die Sowjets gekämpft haben. Oder sie sind in Gefangenschaft geraten und meistens im Gulag geendet, nur wenige davon haben überlebt.

Das war die eine Lettische Legion, es gab zwei. Der andere Teil der Lettischen Legion hatte es ein bisschen besser. Die andere Lettische Legion kämpfte in Vorpommern, geriet letztendlich in britische Gefangenschaft und wurde bei den Nürnberger Prozessen freigesprochen, weil man gesagt hat, die kann man eigentlich nicht als SS-Truppen betrachten, sondern muss sie wirklich separat als Fremdenlegion behandeln. Sie waren nur partiell freiwillig beigetreten; junge Männer hatten Einweisungsbefehle erhalten, für die Legion zu kämpfen. Infolge dieses Urteils in den Nürnberger Prozessen konnten sie auswandern und haben eine Aufnahme beispielsweise in den USA und in anderen Staaten gefunden.

Von denjenigen, die am 16. März marschieren, sind natürlich nur noch ganz wenige Veteranen, da sind ja kaum noch welche übrig. Aber es gibt eben nationalistische Letten, die sagen, wir müssen an sie erinnern, weil sie für unser Land gestorben sind. Der Heldenstatus erklärt sich auch daraus, dass einige von ihnen im Gulag geendet sind oder als Waldbrüder und als Partisanen gekämpft haben. Das erklärt, weshalb man verschiedene Namen in einem Topf hat. Nun zur Beteiligung an den Verbrechen der Nationalsozialisten. Man kann die Anführer der Lettischen Legion nicht völlig davon freisprechen, weil ungefähr 15% tatsächlich freiwillig beigetreten sind und unter diesen 15% gab es auch welche, die tatsächlich vorher während des Holocaust dem Sicherheitsdienst geholfen haben. Aber das sind einzelne, es ist definitiv nicht die Mehrheit. Das ist wichtig zu unterscheiden, denn der Holocaust war in Lettland 1943, als die Legion gebildet wurde, abgeschlossen. Es gab noch ein paar Ghettos, aber der Großteil der Verbrechen war vorbei. Insofern muss man das trennen und muss die lettische Seite verstehen, für die die Lettische Legion nichts mit der SS zu tun hat, auch wenn es aus deutscher Sicht paradox klingt.

Die lettischen Kollaborateure im Holocaust waren also eine von der Lettischen Legion größtenteils verschiedene Gruppe?

Katja Wezel: Ja. Denn die wenigen, die wirklich kollaboriert hatten, wurden von den Nazis dann gerne als Hilfspolizeitruppen weiter eingesetzt. Diese Mördertrupps sind dann weiter nach Weißrussland gezogen und in der Ukraine eingesetzt worden. Unter den lettischen Legionären gab es bestimmt den einen oder anderen, der auch darunter war, aber man kann nicht sagen, dass es die Mehrheit war.

Wie aufgeklärt ist heute das Geschichtsbild, etwa in

den Schulen oder auch in der lettischen Forschung,
zum einen allgemein gegenüber den Besatzungszeiten
und zum anderen speziell auf die Judenverfolgung bezogen?

Katja Wezel: Zum einen ist es wichtig zu sagen, dass Lettland diverse Abkommen unterzeichnet hat, z.B. in der Stock-
holmkonferenz 2000[23]. Lettland hat bereits 1991 einen Gedenktag für die Ermordung der Juden eingerichtet. Er ist immer am 4. Juli, weil dieser Tag der Startschuss für die Ent-
rechtung der Juden in Lettland war. Am 1. Juli sind die Nationalsozialisten in Riga einmarschiert und am 4. Juli haben
die Synagogen gebrannt. Der Gedenktag ist deswegen ein vor
allem lokal bedeutsamer Termin. Von Seiten der Politik gibt
es eine Gedenkveranstaltung, aber es ist immer die Frage, inwiefern das den Großteil der Bevölkerung betrifft. Als ich die
ersten Male in Lettland war und dann gefragt habe, wieso
die lettischen Flaggen am 4. Juli mit Trauerflor sind, konnten
vielleicht 80% der Leute das nicht sagen. Natürlich gibt es gut
Informierte, aber das Gros der Bevölkerung weiß es nicht. Da
kann man natürlich schon sagen, dass die Schulbildung offensichtlich ein bisschen versagt hat.
Der Holocaust wird definitiv unterrichtet. Es gibt auch sehr
gute Projekte wie das neue Haus von Jānis Lipke, der über
50 Juden gerettet hat. Das ist jetzt ein Museum, das gut angenommen wird. Es wirkt vielleicht erst einmal ein bisschen
merkwürdig, dass man das Thema aus dieser Sicht betrachtet, indem man sich denjenigen anschaut, der Juden gerettet
hat, denn es gab nur eine Handvoll Menschen, die das ge-

---

[23]Gemeint ist eine internationale Holocaust-Konferenz, die vom 26.-
28. Januar 2000 auf Anregung des schwedischen Ministerpräsidenten in
Stockholm stattfand. Aus der Konferenz ging eine Erklärung hervor, die
die Beispiellosigkeit und anhaltende Bedeutsamkeit der Verbrechen der
Schoah hervorhob und in der sich die beteiligten Staaten dazu verpflich-
teten, das kollektive Gedenken an die Schoah und die Bekämpfung von
Rassismus und Antisemitismus hochzuhalten.

macht haben. Aber trotzdem ist die Bildungsarbeit, die gerade dieses Haus leistet, sehr wichtig, weil sehr viele Schulgruppen hingehen und dann auch gefragt wird: „Was hättest du in der Situation gemacht?" Man kann sich in diese Person Jānis Lipke sehr schön hineinfinden und verstehen: Die Situation war sehr schwierig und er hat trotzdem Juden gerettet. Wenn man dieses Programm durchlaufen hat, ist relativ klar, dass die meisten nicht so gehandelt haben, weil sie nicht diese Courage besaßen. Es gibt also aus meiner Sicht sehr gute Bildungsprogramme. Letztendlich hängt es aber sehr stark von der Eigeninitiative des einzelnen Lehrers ab, was er mit seiner Schulklasse macht.

Was ich in Bezug auf die Wissenschaftler sagen kann: Es gab in den letzten Jahren zahlreiche Konferenzen, die das Thema Holocaust in Lettland bearbeitet haben, aber es ist letztendlich eine Handvoll von Wissenschaftlern, die sich wirklich damit beschäftigen. Das ist ein bisschen meine Kritik, wobei ich auch wenige Lösungsansätze habe, denn es ist sehr schwer, das in die Bevölkerung zu tragen, weil viele Letten der Meinung sind, „erst einmal müssen wir darüber reden, was uns alles widerfahren ist, der Holocaust ist doch schon gut erforscht und die Juden sind doch überall präsent, aber von uns weiß keiner". Es gibt auch die Ansicht, die ich teilweise verstehen kann, dass in Westeuropa die Verbrechen Stalins nicht sehr bekannt sind.

Wie ist die Situation der Juden, die heute in Lettland leben? Wie viele von ihnen haben die lettische Staatsbürgerschaft und sind gut integriert?

Katja Wezel: Das Problem ist, dass es nur eine Handvoll Holocaust-Überlebende gab, die tatsächlich nach Tallinn, Riga oder in andere Städte zurückgekommen sind. Die jetzige jüdische Gemeinde in Riga und auch in anderen Städten speist sich hauptsächlich aus Zugezogenen, die aus anderen Teilen der ehemaligen Sowjetunion gekommen sind, größtenteils aus Russland. Sie werden primär nicht als Juden wahrgenommen,

sondern als Russen, weil sie Russisch sprechen, russisch assi-
miliert sind, auf russische Schulen gehen und so weiter. Sie
haben dann die gleichen Probleme, die teilweise auch andere
Russen haben, dadurch dass sie eben keine lettische Staatsbürgerschaft haben. Es hängt auch damit zusammen, dass die
jüdische Bevölkerung häufig erst in den 80er Jahren zugewan-
dert ist. Das heißt, sie leben häufig noch gar nicht so lang in
Lettland. Diejenigen, die dort seit längerem leben, also vor allem die Nachkommen der historischen jüdischen Bevölkerung,
haben natürlich auch alle Bürgerschafts- und Staatsbürger-
schaftsrechte, weil das Staatsbürgerschaftsrecht Lettlands darauf fußt, dass man Bürger Lettlands in der Zwischenkriegszeit
war. Alle, die vor 1940 Staatsbürger waren, haben 1990 automatisch die Staatsbürgerschaft gekriegt. Daher gilt die Staats-
bürgerschaftsfrage nur für diejenigen, die als sowjetische Im-
migranten später dazugekommen sind.

**Inwiefern gibt es heute in der Bevölkerung antisemi-
tische Klischees?**

Katja Wezel: Ich würde sagen, dass die meisten Letten sich
mit dieser Frage nicht beschäftigen und auch überhaupt keine Meinung über Juden haben. Das große Problem, das es
meiner Ansicht nach in Lettland gibt, ist die Schwierigkeit,
Leute überhaupt für das Thema zu interessieren. Die jüdische
Minderheit ist aus lettischer Sicht immer eine kleine Gruppe
gewesen. Letztendlich ging es Jahrhunderte lang darum, sich
mit den Deutschen und dann mit den Russen auseinanderzu-
setzen; die jüdische Minderheit ist irgendwie immer unterge-
gangen. Die Feindbilder bauen sich also nicht primär gegen Juden auf. Das heißt nicht, dass es keinen Antisemitismus gibt;
es gibt auf jeden Fall Nationalisten, die auch antisemitische
Feindbilder integrieren, aber das ist nicht der Hauptfokus der
Xenophobie in Lettland.

Inwiefern ist Antisemitismus in Lettland überhaupt

vorhanden? Was müsste man ändern an Geschichtsaufarbeitung und allgemeinem Umgang mit dem Judentum in Lettland?

Katja Wezel: Ich glaube, dass man mit dem Antisemitismus-Begriff nicht sehr weit kommt, weil der nicht wirklich geeignet ist, um diese sehr spezifische Konstellation, die in Lettland vorherrscht, zu erklären und um auch zu erklären, warum es den Holocaust in Lettland in dieser spezifischen Form gegeben hat. Zweitens denke ich, dass man in Ansätzen schon genau das Richtige macht, indem man versucht, die Bevölkerung für Sachen zu interessieren, die tatsächlich in der eigenen Stadt passiert sind. Zum Beispiel gibt es jetzt an der ehemaligen großen Synagoge in Riga ein Denkmal. Schülergruppen gehen da wirklich hin, wie auch zu solchen Museen wie dem Jānis-Lipke-Haus. Das ist aus meiner Sicht das Wichtigste, dass man das lokalgeschichtlich einbettet, weil ich glaube, dass da auch in Deutschland Sachen wie die Stolpersteine am ergiebigsten sind. Das gibt es in Riga jetzt auch verstärkt, aber noch nicht sehr weit verbreitet. Das wäre auf jeden Fall schön, wenn es noch mehr davon gäbe und wenn die Leute dann auch wüssten, was das eigentlich ist und was da dahintersteckt. Es geht darum, diese Leerstelle aufzuzeigen, dass die Juden einst einen wichtigen Teil der Bevölkerung ausgemacht haben und jetzt in dieser Form nicht mehr da sind, weil die Juden, die jetzt in Lettland leben, größtenteils keine Nachfahren von den im Holocaust Verfolgten sind.

Dr. Svetlana Bogojavlenska

Dr. Svetlana Bogojavlenska studied history from 1995 to 2002 at the University of Latvia in Riga. Between 1997 and 2002, she worked at the museum "Jews in Latvia". From 2003 to 2008, she worked as a doctoral student and lecturer at Johannes Gutenberg University Mainz. Her doctoral thesis is entitled "The Formation and Position of Jewish Society in Riga and in Courland Governorate 1795-1915". From 2011 to 2016, she worked in the DFG project "Russian in the Latvian Context: Russian Identity Formation in Latvia 1914-1940" at the Department of History of the University of Mainz. Since 2018, she is a Research Associate in the project "Before the Cultural History: Functions and Dynamics in Russian Historiography in the European Context (1750-1830)". Her research interests include Jewish culture and history, the history and theology of the Orthodox Church, sacred music and art, comparative religion, minorities in Russia and the Baltic States, and cultural transfer.
For the interview she visited us in Nuremberg, where the interview took place on September 5th, 2017.
The interview was in large parts centred around the interwar period (1918-1940). The respective passages have been crossed out for the print version of our book, however, and can be found in the online version.

Wann haben Sie, wenn Sie sich noch erinnern können, zum ersten Mal von dem Begriff „Jude" oder „jüdisch" gehört?

Svetlana Bogojavlenska: In der Kindheit. Ich glaube, ich habe es zum ersten Mal von meiner Großmutter gehört und der Begriff war schon mit Vorurteilen beladen. Ich hatte das

Gefühl, dass das etwas Fremdartiges ist, was vielleicht ein bisschen gefährlich ist. Noch gefährlicher waren „Zigeuner". In der Gegend, in der ich gewohnt habe, war das die Wahrnehmung der Bevölkerung oder zumindest die Wahrnehmung meiner Großmutter. Seitdem war der Begriff immer wieder irgendwie da, aber ich habe mich nicht viel damit beschäftigt, bis ich auf die Idee kam, dass ich eigentlich viele Klassenkameraden hatte, die plötzlich nach Israel ausgewandert waren.
Vorher wusste man gar nicht, dass sie etwas mit dem Judentum zu tun hatten. Man hätte es auch gar nicht vermuten können. Sie haben sich nicht speziell als Juden ausgegeben. Das waren ganz normale Klassenkameraden und das wurde gar nicht thematisiert. Dann waren viele plötzlich in Israel. Dann habe ich angefangen, mich dafür zu interessieren, welche Geschichte dieses Volk hat - was haben sie in Lettland gemacht und wie kam es dazu, dass wir eigentlich so wenig über sie wissen, über ihre Geschichte und warum sie so unscheinbar da sind? Und plötzlich wandern sie nach Israel aus, weil sie sagen: „Ich möchte Jude sein". Warum kann man das nicht in Lettland sein, zum Beispiel? Auch das war meine Frage.

Haben sie gesagt, sie könnten in Lettland keine Juden sein?

Svetlana Bogojavlenska: Zumindest ein Klassenkamerad von mir, mit dem ich Schriftverkehr hatte über Jahre. Seine Argumentation war: „In Israel habe ich zu mir zurückgefunden". Weil es keine Hindernisse mehr gibt, weil man sich frei zur eigenen Identität äußern kann. Das war schon eine Überraschung für mich, weil ich ihn vorher nicht als Juden wahrgenommen habe und er es auch nie in der Schule thematisiert hat.

Sind Ihre Klassenkameraden alleine ausgewandert oder mit ihren Familien?

Svetlana Bogojavlenska: Mit den Familien zusammen. Es gab eine Welle an Auswanderung in Lettland, das hat wahrscheinlich 91/92 angefangen. In meiner Erinnerung ist geblieben, dass Berge guter Bücher irgendwo in den Höfen lagen oder einfach in die Schule gebracht worden sind von den Familien, die auswanderten. Das war dann um 94/95.

Wurden die Themen Judentum, jüdische Religion und jüdische Geschichte in der Schule behandelt?

Svetlana Bogojavlenska: Überhaupt nicht, nein. Darüber haben wir nie geredet. Ich glaube mich erinnern zu können, dass im Geschichtsunterricht, als es um den Zweiten Weltkrieg ging, die Judenvernichtung erwähnt wurde, aber nur erwähnt. Der Begriff Holocaust ist gar nicht erwähnt worden, er war völlig unbekannt. Dass Juden als ein Volk tatsächlich als Zielscheibe des Nationalsozialismus ausgewählt und dann ausgelöscht wurden, hat man schon thematisiert, aber wie gesagt sehr kurz. Mit ein paar Sätzen wurde gesagt: Die Juden seien ein besonderes Ziel der Vernichtung gewesen, aber Hitler habe schlicht vorgehabt, ganz Osteuropa auszulöschen - ungefähr in diesem Sinne.

Gab es unter den Sowjets und vorher Antisemitismus in Russland?

Svetlana Bogojavlenska: Ja, eindeutig. Es gab einen stark ausgeprägten Antisemitismus, der auch nach dem Krieg deutlich wurde. Z.B. ging die Pogromwelle 1881 von Russland aus. 1880 hat es schon angefangen, aber 81 wurden die Juden der Ermordung des Zaren beschuldigt, obwohl es Anarchisten waren, die sich in der Wohnung eines Juden versammelt hatten, als sie diesen Anschlag auf den Zaren planten. Der jüdische Historiker Simon Dubnow, der 1941 in Riga bei einer der Massenerschießungen ums Leben kam, ging davon aus, dass diese Pogromwelle sogar vom Staat organisiert worden war. Das wurde durch spätere Forschungen widerlegt, was aber verdeutlicht, dass die Bevölkerung eher antisemitisch eingestellt war und aus verschiedenen Gründen auch selbst Pogrome verübt hat. Was die Regierung sicher nicht gemacht hat, war, die Pogrome rechtzeitig zu stoppen. Die Gendarmerie hat immer ein paar Tage gewartet, bis da nichts mehr zu retten war.

Während der Revolution 1905 gab es auch Pogrome. Die gingen auch nicht von staatlicher Seite aus, aber sie beschränkten sich auf den Ansiedlungsrayon der Juden. Wo es eine sehr hohe Konzentration jüdischer Bevölkerung gab, kam es auch zu Pogromen. 1905 gab es nur ein Pogrom in Lettgallen, der dokumentiert ist, in Ludsen, heute Ludza.

Das sowjetische Regime wollte sich ja nach dem Krieg möglichst stark von der Naziideologie abgrenzen. Ist es dann nicht verwunderlich, dass der Antisemitismus nicht verschwunden ist? Wie passt das zusammen?

Svetlana Bogojavlenska: Es gibt eine sehr bekannte Rede von Stalin, in der er sich bei allen Völkern der Sowjetunion für den Sieg im Großen Vaterländischen Krieg bedankt, aber besonders bei dem russischen Volk, das das größte Volk unter allen Völkern der Sowjetunion sei. Jeder, der das bezweifelte, galt als Feind, obwohl Stalin selbst kein Russe war, sondern Georgier. Dieser ganze Internationalismus beinhaltete immer die Unterstreichung der Rolle *eines* Volkes. Alle mussten zu sowjetischen Bürgern werden, nicht zu lettischen Bürgern der Sowjetunion. Es gab eine Tendenz zur Russifizierung und Sowjetisierung. Diejenigen, die versucht haben, ihre nationale Kultur in der Zeit des Stalinismus zu pflegen oder wiederzubeleben, wie es Juden versucht haben, waren zum Scheitern verurteilt. Da es für die jüdische Bevölkerung sehr wichtig war, nach dem Krieg die Reste zusammenzuhalten, haben sie versucht, das jüdische Theater in Riga wiederzueröffnen. Das wurde ihnen verboten. Das war noch Anfang der 50er vor Stalins Tod, nach der Zerschlagung des Jüdischen Antifaschistischen

Komitees 1948.

Gab es da schon Auswanderungswellen nach Israel?

Svetlana Bogojavlenska: Ja, es gab zumindest Versuche.
Auch aus Litauen emigrierten viele überlebende Juden. Die
erste größere Auswanderungswelle nach Israel gab es in den
1970ern, als es vielen gelungen war, über Ungarn die Sowjetunion zu verlassen. Danach noch einmal in den 80ern.

**Wie wurde die Auswanderung nach dem Zusammen-
bruch der Sowjetunion in Lettland wahrgenommen?**

Svetlana Bogojavlenska: Das Bewusstsein war da, dass Juden auswandern, aber auch Verwunderung. Was die Migration der jüdischen Bevölkerung in der Sowjetunion betrifft,
muss dazu gesagt werden, dass die Kontakte zwischen den Juden und der russischsprachigen Bevölkerung in Sowjetrussland
besser ausgeprägt waren, weil fast alle Juden, die in Sowjet-
lettland lebten, nach dem Krieg Russisch sprachen. Viele von
ihnen sind nach dem Krieg nach Lettland eingewandert, aus
der Ukraine oder aus Russland. Die hatten auch eigentlich
keinen Bezug zum vorherigen Lettland. Den Holocaust haben
knapp 1500 lettische Juden überlebt, von denen nicht alle nach
Lettland zurückgekehrt sind. Diese 1500 sind mit denjenigen
zusammengerechnet, die es geschafft haben, vor der deutschen
Besatzung Lettland zu verlassen. Von denjenigen, die dort geblieben waren, sind vielleicht knapp 1000 am Leben geblieben.

**Wie haben sie den Holocaust überlebt? Wurden sie
versteckt?**

Svetlana Bogojavlenska: Ja, einige haben sich versteckt.
Es sind sogar bis zu 600 Fälle der Judenrettung in Lettland
bekannt. Das heißt aber nicht, dass sie alle überlebt haben.
Anfang der 1990er waren um die 200 Fälle bekannt, in denen

tatsächlich Juden überlebt haben. Einige Fälle sind in den Akten der Polizei aufgezeichnet worden, d.h. dass jemand gefunden wurde, der einen Juden versteckt hatte. Das bedeutete für beide den Tod. Wie überlebt man den Holocaust? Schwierig zu sagen. Viele sind 1944 nach Auschwitz gekommen und haben dort die Befreiung erlebt, einigen ist die Flucht 1944 gelungen, als die sowjetische Armee sich näherte.

Würden Sie ein Beispiel von einer Person nennen, die überlebt hat?

Svetlana Bogojavlenska: Herr Margers Vestermanis ist die prominenteste überlebende Persönlichkeit in der jüdischen Gemeinde. Als ich dort gearbeitet habe, waren häufig seine Freunde da, also Leidensgenossen, mit denen er zusammen im Ghetto und im Konzentrationslager Kaiserwald war. Die haben sich auch gegenseitig Bestätigungen darüber ausgestellt, dass sie bezeugen können, sich im Ghetto oder im KZ begegnet zu sein. Es gibt keine Papiere, die das belegen können. Als die Wehrmacht sich aus Lettland zurückzog, wurden die Dokumente verbrannt. Deshalb war es schwierig nachzuvollziehen, wie viele inhaftiert wurden. Die Familie von Herrn Vestermanis ist bei der Rumbula-Aktion in Riga 1941 umgekommen. Er hatte zwei Geschwister, einen älteren Bruder und eine Schwester. Sein Vater war Textilfabrikant in Riga. Er war ein sogenannter kurländischer Jude aus dem Westen Lettlands. Seine Muttersprache war Deutsch und seine Mutter war russische Jüdin. Die erste Muttersprache von Herrn Verstermanis war Lettisch, weil er eine lettische Nanny hatte. Dann hat er Deutsch gelernt, er war im deutschen Kindergarten. Er meinte, wäre die Familie bei der sowjetischen Deportation von Juni 1941 deportiert worden, hätten sie eine Chance gehabt, zu überleben. Er selbst hat sich im Ghetto als Elektriker ausgegeben. Er meinte auch, dass er wie durch ein Wunder überlebt hat, weil ihm das abgekauft wurde, obwohl er einmal das ganze Haus, an dem er arbeiten musste, lahmgelegt hat. Er hat sich im Gespräch

mit mir auch gewundert, dass er damals deswegen nicht um-
gebracht worden war.

**Kommen wir zu der Veranstaltung am 16. März in
Lettland, die jedes Jahr einen internationalen Aufschrei erregt. Was ist der Charakter dieser Veranstaltung und welche Interessen stehen dahinter?**

Svetlana Bogojavlenska: Das ist eine Veranstaltung der Veteranen der Lettischen Waffen-SS Legion, die 1943 gegründet
wurde. Die lettische Waffen-SS hieß wie überall in Europa Frei-
willigen Waffen-SS Division, was aber nicht stimmte. Freiwillig
waren nur die Schutzmannschaftsbataillone, zu denen sich Letten 1941 tatsächlich freiwillig gemeldet haben. Diese wurden
1943 in die 15. Waffen-SS Division eingegliedert. Das waren
auch diejenigen, die an der Judenvernichtung 1941 teilgenom-
men haben und an den SSonderexpeditionenünd an der Vernichtung der Zivilbevölkerung in Weißrussland beteiligt waren.
All die anderen wurden einberufen, sind aber auch zur Musterung erschienen. Das sage ich, weil uns aus dem Baltikum ein
anderer Fall bekannt ist. Die Waffen-SS Legion wurde auch in
Estland gegründet und in Litauen. In Estland ist es gelungen,
in Lettland ist es gelungen, in Litauen nicht. Nur jeder Fünfte
erschien dort zur Musterung. Diejenigen, die erschienen waren,
nur dürftig ausgestattet, haben sich dann geweigert, den Eid
auf Hitler zu leisten. 1944 musste man einsehen, dass sie nutz-
los sind. Deswegen gab es keine litauische Waffen-SS Legion.

**Das heißt, Widerstand dagegen war möglich und wur-
de nicht so sehr geahndet?**

Svetlana Bogojavlenska: Zumindest nicht in Litauen, in
Lettland schon mehr. Die ganze Familie konnte inhaftiert wer-
den, man hat nach ihnen gesucht. In dem berüchtigten Film
„Lettische Legion" von Uldis Neiburgs[24] haben einige Einbe-

---

[24]Latvian Legion, Filmstudio „Deviņi", 2000.

88

rufene erzählt: „Es kam dieses Zettelchen, ich muss dort erscheinen an dem und dem Datum. Und dann fragt der Vater: ‚Und was machst du jetzt? Gehst du hin oder gehst du in den Wald?‘ Was konnte man machen, man wusste ja, die Familie wird verfolgt, dann ging ich hin." Herr Vestermanis erzählte, dass die Partisaneneinheit, die er im Wald getroffen hatte, als er während des Todesmarsches geflohen war, zum großen Teil aus den Deserteuren der lettischen Waffen-SS bestand. Es gab Leute, die sich gewehrt haben.

In Litauen sah es so aus, dass man sich massenhaft dagegen gewehrt hatte, in Lettland nicht. Sie haben sich dann tatsächlich zusammen mit der deutschen Wehrmacht an den Kämpfen an der Front beteiligt. Sie wurden aber nicht mehr zur Ermordung der Zivilbevölkerung eingesetzt, deshalb kann man tatsächlich sagen, dass die 1943 Einberufenen keine Verbrecher im Sinne des Nürnberger Tribunals sind. Es sind aber auch keine Helden. Sie haben den Eid auf Hitler geleistet, auch wenn viele danach erzählt haben: „Ich hatte so ein ungutes Gefühl dabei". Dieser 16. März wurde tatsächlich als ein offizieller Feiertag in den lettischen Kalender aufgenommen. Ein paar Jahre später, als es einen großen internationalen Aufschrei gab, wurde er auf Vorschlag der damaligen Präsidentin Vaira Vīķe-Freiberga wieder aus dem Kalender gestrichen. In Riga muss jede öffentliche Veranstaltung bei der Stadtverwaltung angemeldet sein. Jedes Jahr reichen die Veranstalter die Anmeldung ein, bekommen eine Absage und gehen gerichtlich dagegen vor. Das Gericht erlaubt es jedes Mal wieder. Das Schlimme ist, dass diese Veranstaltung auch Neonazis aus dem In- und Ausland mobilisiert. Auch Rechtsradikale aus der Ukraine, aus Ungarn, sind jetzt jedes Jahr wieder dabei.

Es gibt einen Legionärsfriedhof in Vidzeme, in Lestene. Da wurde auch ein Denkmal errichtet, aber es ist anders als in Deutschland, wo es mit Scham gesehen wird. In Lettland gelten die Waffen-SS-Veteranen tatsächlich als Helden, nicht als Opfer. Zum Beispiel sieht man in besagtem Film am Ende einen Mann, der in der sowjetischen Armee gegen seinen eigenen Bruder gekämpft hat, im kurländischen Kessel. Er war jünger, er wurde also später einberufen, als die sowjetische Armee nach Lettland einrückte und die Wehrmacht und die Legion sich nach Westen, Kurland zurückzogen. Sein Bruder ist im kurländischen Kessel gefallen. Er weiß, dass er vielleicht derjenige ist, der ihn erschossen hat. Er sagt da: „Zu Sowjetzeit sind die die Verbrecher gewesen, jetzt sind wir die Verbrecher." Das ist eine lettische Familie, die auf beiden Seiten kämpfen musste.

Das Interessante ist: Als die ersten Märsche zum 16. März organisiert worden sind, wurde Herr Vestermanis, der auch Historiker ist, gefragt, was er dazu meint. Er war damals der Meinung, dass die keine Verbrecher seien, da sie einberufen wurden. Die Verbrecher seien danach von der Sowjetmacht verurteilt und zur Rechenschaft gezogen worden. Das seien einfach Veteranen. Es sei unklug, dass sie jetzt da rausgehen. Sie hätten das die ganze Sowjetzeit nicht gedurft, sie galten ja als Verbrecher. Herr Vestermanis hat sie damals verteidigt.

Er wird aber nicht die Sichtweise der Waffen-SS-Veteranen verteidigen?

Svetlana Bogojavlenska: Nein, natürlich nicht. Er hat sie auch als Opfer des Krieges dargestellt. Man kann sie aber nicht mit den anderen Opfern vergleichen. Einmal war sogar der Verteidigungsminister bei deren Gedenkveranstaltung in Riga dabei. Seine Handlung wurde natürlich danach verurteilt von der Regierung. Die evangelisch-lutherische Kirche macht allerdings jedes Mal mit. Es gibt einen großen Gottesdienst im Dom. Die marschieren dann von der Domkirche durch die ganze Altstadt zum Freiheitsdenkmal. Früher war das nur auf dem Friedhof in Lestene. Jetzt hat es aber offizielle Züge durch die Beteiligung der lutherischen Kirche, die im Dom auch zum Beispiel am Unabhängigkeitstag Lettlands einen Gottesdienst feiert, also in derselben Kirche, mit demselben Pfarrer. Jedes

Jahr sind am 16. März auch mehrere Parlamentsabgeordnete dabei.

Gibt es lettische Politiker oder andere bedeutende lettische Figuren, die sich antisemitisch äußern?

Svetlana Bogojavlenska: Ja, es gibt die Partei *Tēvzemei un Brīvībai*, „Für das Vaterland und Freiheit" [25]. In dieser Partei gibt es ultranationale Kräfte, die den extremen Nationalismus salonfähig machen wollen. Sie ist im Parlament vertreten. Von dieser Partei kommt ab und zu was, aber nicht von den Abgeordneten in der Saeima. Die sind natürlich gegen alle, nicht nur gegen Juden.

Gibt es zivilgesellschaftliche Initiativen gegen Antisemitismus und Rassismus in Lettland?

Svetlana Bogojavlenska: Es gibt immer wieder europäische Projekte, es gibt immer wieder soziologische Untersuchungen, es gibt immer wieder Empfehlungen der Wissenschaft an die Politik, was man noch machen könnte, um die Gesellschaft zu konsolidieren und demokratischer zu gestalten. Ob das alles tatsächlich da ankommt, wo es ankommen sollte, ist schwer zu beurteilen. Es sieht nicht danach aus. Offen antisemitische Politiker werden auch nicht stark angeprangert. Die Kritik kommt dann immer nur von der Opposition und nicht von den etablierten lettischen Parteien.

In welcher Weise werden jüdische Letten heute im Alltag mit Antisemitismus konfrontiert?

---

[25] 2011 löste sich die Partei nach einem Wahlbündnis mit der als rechtsextrem eingestuften Partei *„Visu Latvijai"* (deutsch: „Alles für Lettland") im Jahr 2010 in die Nationale Vereinigung „Alles für Lettland" – „Für Vaterland und Freiheit/Lettische Nationale Unabhängigkeitsbewegung" (lettisch *Nacionālā apvienība „Visu Latvijai!"* – *„Tēvzemei un Brīvībai/LNNK"*) auf.

Svetlana Bogojavlenska: Offen überhaupt nicht, aber sie zeigen sich sehr selten als Juden in der Öffentlichkeit. Ich habe meine jüdischen Freunde in Lettland gerade gefragt und die meinen, latenter Antisemitismus sei da. Man spürt, dass man anders behandelt wird. Es gibt eine gewisse Aggressivität im Verhalten, vor allem, wenn es um den Beruf geht. Man wird da nicht so gerne gesehen und wird ausgegrenzt, wenn man als Jude erkannt wird.

Wie groß ist das Problembewusstsein? Wie sehr ist Antisemitismus im Bewusstsein der Leute in Lettland?

Svetlana Bogojavlenska: Ich glaube, es ist nicht im Bewusstsein. Es gibt lettische Wissenschaftler, die sehr wohl wissen und verstehen, dass es dieses Problem gibt. Ich denke aber nicht, dass in der Mehrheit der Bevölkerung ein Bewusstsein dafür da ist. Wenn es darauf ankommt, sagt man so etwas wie hier in Deutschland: „Man darf das wohl noch sagen...", „Ich bin kein Antisemit, aber..."

Wissen Sie, ob jüdische Institutionen dem Antisemitismus ausgesetzt sind?

Svetlana Bogojavlenska: Ich weiß, dass die Synagoge in Riga von der Polizei rund um die Uhr bewacht wird. Einmal wurde da eine Flasche mit Brennstoff reingeworfen. Die Wände der Synagoge wurden beschmiert. Das liegt aber schon mehr als 10 Jahre zurück. Man hat auf den Bildern der Überwachungskamera gesehen, dass das Jugendliche waren. Der damalige Rabbiner Natans Barkāns meinte, die sollten einfach zu Hause von ihren Eltern dafür bestraft werden. Er glaubte nicht, dass das fundiert antisemitisch war. Dass die Synagoge als Zielscheibe diente, ist aber schon markant. Man könnte fragen, woher Jugendliche das haben. Dann bietet sich die Antwort an, dass die das aus dem Umfeld, aus der Familie, haben. Höchstwahrscheinlich haben sie etwas gehört und dann ist es in Taten übergegangen. Diese Jugendlichen sind inzwischen erwachsen. Was sie jetzt darüber denken, weiß man nicht.

Die Synagoge wird seitdem rund um die Uhr von der Polizei bewacht. Da steht immer ein Bus voller Polizisten. Die jüdische Gemeinde hatte früher ein sehr offenes Durchgangssystem. Man konnte da einfach so rein. Viele Ausländer haben das bewundert und uns im Museum gefragt: „Haben Sie hier keine Angst, einem Angriff der Antisemiten zum Opfer zu fallen?" Man hatte tatsächlich keine Angst. Inzwischen kommt man nur durch die eine Tür rein. Die zweite Tür ist geschlossen. Auch um ins Museum zu kommen, muss man sagen, wohin und zu wem man möchte.

Ab und zu sind es Letten, die dort arbeiten, nur leider sind das Ausnahmen. Die Letten werden dann immer gefragt: „Was machst du da? Das ist doch ein jüdisches Museum." Ich wurde auch immer gefragt: „Bist du Jüdin?", und musste sagen „nein" - „Und was machst du dann da?" - „Arbeiten?". Als die renovierte Synagoge wiedereröffnet wurde, wurde darüber in der lettischen Presse berichtet. Ich habe die Kommentare der Leser gelesen und Angst bekommen. Einer der harmlosesten Kommentare war: „Müssen wir Letten tatsächlich davon in Kenntnis gesetzt werden?". Das ist diese Nicht-Bereitschaft, das als Teil der Kultur und Geschichte Lettlands anzuerkennen.

Was allerdings die Aufarbeitung des Holocaust betrifft, hat Lettland, zumindest die lettische Wissenschaft, große Fortschritte gemacht. Es ist fast alles aufgearbeitet worden, was aufgearbeitet werden konnte. Fast alle Archivbestände sind gesichtet und systematisiert worden. Das Okkupations-Museum hat sogar zusammen mit dem Jüdischen Museum vor einigen Jahren, 2011, eine Ausstellung explizit zur Judenvernichtung gemacht namens „Rumbula. 1941. Anatomie des Verbrechens"[26] .

---

[26]Die Ausstellung ist auf der Internetseite des Museums digital zugäng-

Wie sehr sind in den lettischen Lehrplänen die Themen Judentum und Diskriminierung gegen Juden verankert?

Svetlana Bogojavlenska: Das Thema ist auf jeden Fall präsent. Es war sogar eine Lettin, Ieva Gundare, eine der ersten, die sich überlegt hat, wie man das den Letten überhaupt erklären kann, ohne den Nationalstolz zu verletzen, zu sagen, dass nicht das ganze lettische Volk bei der Judenvernichtung mitgemacht hat, sondern einige Letten. Sie arbeitete bis vor kurzem im Okkupationsmuseum. Dem Jüdischen Museum war es sehr wichtig zu sagen, dass nicht das ganze Volk am Judenmord beteiligt war, sondern bestimmte Individuen, die namentlich bekannt sind. Man kann nicht das ganze Volk für den Judenmord verurteilen. Die anderen waren ja auch Opfer. Das war auch für Ieva Gundare und das Okkupationsmuseum sehr wichtig. Es gab bestimmte Menschen, die am Judenmord beteiligt waren, es gab aber auch Menschen, die den Juden geholfen haben. Es gab auch diejenigen, die sich das gleichgültig angeschaut haben. Oder mit Schaudern. Oder mit Staunen, „was passiert jetzt?", und sie wussten nicht, was sie tun könnten.
Frau Gundare hat Pädagogik studiert und war diejenige, die 2001, 2002 die ersten Arbeitsmaterialien für lettische Schulen in engen Beratungen mit dem Museum „Juden in Lettland" ausgearbeitet hat, um das Thema den Schulkindern nahe zu bringen. Sie hat danach im Okkupationsmuseum das gleiche für die sowjetischen Deportationen gemacht, indem sie auch aufgezeichnet hat, dass nicht nur Letten darunter gelitten haben, sondern auch andere ethnische Gruppen, die in Lettland zu dieser Zeit gewohnt haben. Das war ihr dann auch gut gelungen.
Es gab schon die Tendenz zu sagen, dass es ein Genozid gegen das lettische Volk war. Das stimmt aber nicht, es war kein Genozid gegen das lettische Volk. Das waren Repressionen ge-

lich: http://okupacijasmuzejs.lv/rumbula/en

gen alle Völker Lettlands, gegen die lettische Bevölkerung oder vielmehr gegen die Bevölkerung Lettlands. Wenn man lettisch sagt, denkt man in Lettland nämich nur an die Letten, nicht an die Bevölkerung Lettlands, die ja multiethnisch war und ist.

Es gibt in der Schule in jedem Fall ein Programm, nur muss man bedenken, dass der Schulplan natürlich anders ist als in Deutschland. Während hier dem Nationalsozialismus viel Zeit gewidmet wird, ist es dort anders. Man hat dort andere wichtige Themen und es hängt sehr vom jeweiligen Lehrer ab. Ich habe auch schon Berichte gehört, dass die Lehrer das Thema einfach weglassen, sodass der Holocaust gar nicht erwähnt wird. An der Universität gehört es dazu. In der Schule muss es wie gesagt mindestens eine Stunde sein, aber die wird nicht von jedem Lehrer durchgeführt. Ich weiß aber, dass man an den Schulen Projektwochen hat, und erstaunlicherweise entscheiden sich immer noch ziemlich viele Schulen, auch aus der Provinz, für einen Gang ins jüdische Museum.

Dr Inese Runce

*Inese Runce (*1976) is a lecturer at the Institute of Philosophy
and Sociology of the University of Latvia in Riga since 2006
and head of a national research project of the Latvian Council
of Science titled "The construction of political nation in Latvia
after regaining independence: 1991-2011" since 2009.*
*She studied cultural studies, religion, and religious education
and history in Riga and at Fordham University, New York
City, between 1994 and 1998, and received a doctoral degree
in modern history of Latvia in 2000. Form 2002 to 2007,
she worked as a researcher at the museum "Jews in Latvia"
in Riga. Her research interests in the fields of sociology and
history include Baltic and Latvian cultural history, church and
state relations and the history of the church in Latvia, religious
identities, regional identities, and their historical and contemporary development.*
The interview took place in Riga on September 25th, 2017.

Does anti-Semitism play a role in the public discussion at the moment?

Inese Runce: I think it was a very important instrument
when the discussion started in the 90s and in the beginning
of the 2000, when the first Holocaust memorials started to be
erected all across Latvia. It took years to finish the research,
to deal with all these not very pleasant topics in the history of
modern Latvia, the issue of collaboration with both the Nazis
and the Soviets. I think we have worked on the issue of who
was collaborating with the Nazi regime, but we haven't finished our discussions about the collaboration with the Soviet
regime yet.
The recovery of the cultural memory is a very painful process

96

for all the different groups. For example, it was a very typical and very strange leftover from the Nazi ideology - this was very popular and even the historians were arguing, because there were no data to operate with - that there were so many Jewish people in the Communist Party, and that they were the ones who were organising the deportations. The slogans which were used by the Nazi regime during the occupation somehow appeared in the public in the 90s and in the beginning of the 2000s, and then my colleague, Leo Dribins, who is right now the leading researcher here at the Institute of Philosophy and Sociology and head of the Holocaust Survivors' community here in Latvia, did a lot of research, in particular about the Jewish people and the Communist Party in Latvia. He found out that Jews were a minor group in the Latvian Communist Party in the late 30s and after the Second World War. The biggest group among the communists, both in relative and absolute numbers, were Latvians, the second group were Russians, and then the third the Jewish population.

Besides, professor Aivars Stranga researched the Archives of the Latvian Communist Party in the late 30s to find out about the percentages and the ethnic division in this context. The Latvians were the overwhelming majority, not the Jewish people, but this thinking is somehow left from the Nazi regime. The propaganda and ideology somehow stayed alive because after the Second World War, there generally was no possibility to deal with history in the Soviet era, there was no possibility to discuss what happened during the Second World War, and then there were those propaganda elements appearing in the understanding of history and in the explaining of certain historical events. It's interesting that in the 90s, in the beginning of the 2000, when those topics were researched, the results showed something totally different.

Is the Museum of Occupation rather scientific or rather folkloristic?

Inese Runce: I must say that I like what the Museum of
Occupation does. For example, I think that they did a very
good exhibition on Rumbula a few years ago, together with
the Jewish museum, where I was working for 5 years, and I
must say that the exhibition that was made by the Museum of
Occupation on Rumbula was very good, both from the historical perspective and from the artistic perspective. The groups
that run the Occupation Museum are, I think, strong and good
enough, they do as much as they can, and sometimes, groups
are volunteering in the Museum of Occupation, and they try
to push their own history forward, to emphasise certain topics. For example, they have very good seminars and meetings
between different groups on the occasion of May 8th, bringing
people together, for example the Latvian soldiers who were in
the Legion. Of course, nowadays they are not very many of
them alive, its' just a few, but they bring people together to
discuss the different experiences...

**But don't they equate the Nazi occupation with the
Soviet occupation? If you make a museum of occupation in general, I see the danger to equate it.**

Inese Runce: The point is that the different groups have
different memories. For example, normal Latvians had nothing to do with the Nazi institutions or the Soviet institutions.
They have a simple memory of what they experienced in daily
life. For example, the Soviet chaos, poor people, rudeness of
Soviet soldiers - different things that they might remember.
And then they remember the Nazi time. But they had nothing to do with the Nazi ideology, and they remember mainly
the German soldiers, whom they had gotten in contact with if
there was such a chance, and who were nicely dressed up and
organised. This is what they remember: they're totally different, as though they had nothing to do with this Nazi terror,
they had nothing to do with official Nazi institutions, they remember, let's say, good, nice people whom they, because they

knew German, were able to communicate with, and there was more or less the same German culture and milieu in Latvia until the times of the First World War, so this was something familiar. They didn't think of them as Nazis, but they thought of them as Germans. For example, it's very typical to remember that the soldiers were giving chocolate candies to the children around. And then, on the opposite side, there are the Russian soldiers who, let's say, are robbing, who are not well-behaving, whom you try to escape from, and first of all, you don't know the Russian language.

So, this might be the average Latvian's memory about the Nazi time. This is of course not valid for the whole nation, because the national history is composed of different memories, it's normal to have different points of view, and therefore sometimes, you can also see such a presentation about the times of the Nazi occupation: As a better era than the Russian era.

Iļja Ļenskis

*Iļja Ļenskis is the director of the museum "Jews in Latvia" in
Riga. He has been involved in Jewish communty life in Latvia
since his childhood. He graduated with a history degree from
the University of Latvia in Riga and worked at the Jewish museums as a historian until he was offered his current position
in 2008.*
*The interview with him took place in Riga on September 25th,
2017.*

**Do you think that anti-Semitism is a serious problem
for the world?**

Iļja Ļenskis: No. Let's put it like that, the Jewish community does not see anti-Semitism as an important challenge
to its existence, which does not mean that there is no anti-
Semitism. Of course, with anti-Semitism, we can't say if it's
strong or not because usually it won't manifest openly, so
even if quite a big part of Latvian society is infested with
anti-Semitism, it does not result in violent acts. The main
manifestation of anti-Semitism we have is in comments on the
Internet. It's part of the broader problem of hate speech on
the Internet, which has to do not only with the Jews, but with
all kinds of minority groups. Basically, in Latvia, the main
minority that most of the hate speech is directed against is the
Russian minority, most of hate speech on the Latvian Internet would be anti-Russian rather than anti-Semitic, but still,
these comments on the Internet are the main problem for the
Jewish community in the field of anti-Semitism. Obviously,
there are some prominent intellectuals who are anti-Semitic,
some politicians, but we don't see it as a main challenge, as I
said, to our existence.

100

Do people treat Jews differently in Latvia nowadays?

Iļja Ļenskis: First of all, it's important that the majority of Latvian Jews are not different from the surrounding population, neither visually nor in any other way. When you encounter a person, usually in Latvia you do not know their ethnic background. Of course, we have issues with, for example, non-white people being treated differently - this is a very strong problem, we have anti-black racism, for example - but not so much against the Jews because the Jews look more or less like anybody else. We have not heard of cases of people, for example, being dismissed from work because of their Jewish origin or something like that, which does not mean that it does not happen, but at least we haven't received reports about anything like that. Actually, during the Soviet years, when there were rather strong, although unofficial anti-Semitic policies of the state, Latvia was one of the regions where the overall situation was better. It was easier for the Jews to enrol in university in Latvia than in Russia or in Ukraine. This was one of the reasons why many people would come to Riga to study, because they could just not enrol in university in their native region. I can hardly say that the Jews will be treated differently on the everyday level.

This discrimination against Jews, was it something that universities decided to do on their own?[27]

Iļja Lenskis: No, it was state policy. It was not enunciated; there was no law on discrimination against the Jews, different from other European countries in the 20s and 30s, where there were official anti-Semitic laws, including Poland, where they had all kinds of things like that, for example special seats for the Jewish students in the universities, but in Latvia in the 20s and 30s, there was no official anti-Jewish legislation.

---

[27]This question was originally asked at a later stage of the interview and inserted here to avoid thematic breaks.

Unofficially, there was a lot of legislation, many regulations. The same happened during the Soviet times. But as it was not officially regulated, there always was some space to maneuver for the administration of the university. We know that in some universities, many professors would impose restrictions for the Jews on their own. We shouldn't think of the Soviet system and of the Nazi system as monoliths, there was a lot of space for all kinds of things.

Today, we talked to someone who said that those who make anti-Russian statements also make anti-Semitic statements and vice versa. Is that correct?

Ilja Ļenskis: More or less, although of course you can have "pure anti-Semites" and "pure Russophobes". We also have a quite significant group of people who are strongly anti-Russian, but constantly make philo-Semitic statements, which I do not believe, because to me, it seems rather like they're trying to whitewash their image by showing "you see, we are no hardcore xenophobes, we're different." They would also emphasise that there are good Russians, whom they do not hate, and so on. Generally, I don't believe such statements. I think if a person is racist or xenophobic, then this resentment covers all possible groups, including LGBT, women, and so on. I would say that there are different groups, but also, of course, it's true that if they are real xenophobes, they would hate both Russians and Jews. But we have to keep in mind that there is a rather strong anti-Semitic sentiment in the Russian minority as well.

Those people you were referring to, what kind of philo-semitic statements do they make?

Ilja Ļenskis: They would always emphasise that the Jews are a traditional minority, a good minority, which never had any problems with the surrounding population, and that they are so sorry that Jews were exterminated during the Holocaust, something like that. Obviously, they are always great fans of Israel. To me, it has kind of an overtone of "Jews, go to Israel. Leave Latvia and go to Israel.", that every nation should stay in their own country. Russians should pack their suitcases and go to Russia, Jews should pack their suitcases and go to Israel, and as Latvians, we want to live here in a racially pure state. It's not stated explicitly, maybe I'm wrong. But it is very much the feeling that I have when someone suddenly is very philo-Semitic and very pro-Israeli - to me, it is always suspicious.

Is Jewish culture popular in Latvia? Are there many places like this museum?

Ilja Lenskis: I would rather say no. It's hard to say what popular means, but if we compare it to what happens in Germany or Poland, with all the festivals of Jewish culture being organised in different localities and involving mostly local, non-Jewish population, we have almost nothing like that in Latvia. Of course, Latvia can't be compared in size or importance to Germany and Poland, I mean historically, because in Poland, there was the dominant Jewish community and in Germany, the Jewish community was culturally dominant. Here, many municipalities would like to have something Jewish such as organising Jewish events, but usually, they will invite us to organise them, they will say, "we want to hold a Jewish culture day, could you bring us a choir or a dance company or something", rather than organising it on site. I can't say that we do much to change the situation. To me, of course, it is very important that the Jewish culture is perceived just as one of many cultures, and that you don't have to be sorry for your interest in Jewish culture - if you can have, say, Salsa contests and Salsa courses, which are part of Latin American culture, and if you can be a fan of Indian cuisine, there is nothing to feel sorry about in being interested in Jewish culture. It's normal, just as liking French films. We want Jewish culture to

be treated like that, like something normal. Currently, I know
only one place in Latvia where you have local, non-Jewish population in Jewish cultural activities: In Rēzekne, they have a
Klezmer band. In other places, nothing like that happens.
On the other hand, in several local history museums we have
sections on the Jewish history of the respective locality, so the
interest is there, but not in a way comparable to Germany, Poland, or Hungary. I think we are only at the beginning of this
process, but obviously, the situation has changed significantly
compared to what it was like 15, 20 years ago.

**What about anti-Semitism under the Soviet domin-
ance? Was it different?**

Ilja Ļenskis: There were several levels: on the one hand,
there was this state anti-Semitism, and on the other hand,
there was the local context. Generally, in Latvia, anti-
Semitism was weaker than in certain other regions of the Soviet
Union, if we speak of such things as the possibility to enrol in
the university - if you take, for example, Moscow, major universities there were just closed for the Jews in the 70s and
80s. It was clear that if you're Jewish, you cannot enrol in
these universities - you can try, but you won't pass the exam.
Especially in departments like maths, physics, and so on, it
was considered that the Jews are dominating Soviet maths,
Soviet physics, so they won't be allowed to the universities.
For many Soviet Jews, this was the first stimulus to think
about their Jewish identity because Soviet authorities, as it
turns out, were pressuring them to become Jews. They did
not perceive themselves as Jewish. They wanted to be regular
Soviet physicists, for example, but Soviet authorities said "no,
you're a Jew, and a Jew cannot be a Soviet physicist", so they
somehow had to form their attitude and Jewish identity.
In Latvia, this was much weaker, you could enrol in the university, you could find a better job, but of course, for example,
during the late Stalinist period, in '48, '49, '50, when there

was a big anti-Jewish campaign in the Soviet Union, Latvia was also part of this campaign, many prominent intellectuals were arrested and imprisoned, they spent several years in prisons or camps. Basically, all the possibilities to revive Jewish culture after the Holocaust in Latvia were destroyed in 1949 and 1950. This was also a time when the situation changed, for example with regards to language: After that, most of the parents would be afraid to speak Yiddish to their children, to transmit Jewish language to them, they would rather switch either to Russian or to Latvian. This was during the late Stalinist years; in the 70s and 80s, it was still better than in many other regions of the Soviet Union, but of course it's an enormously big topic, and yet under-researched very much: Riga was one of the centres of the Jewish national movement in the Soviet Union, so there were a number of underground groups in Riga. We cannot call them resistance groups or dissident groups, it was different, and this was also very important: They emphasised that they don't want to be called dissidents because a dissident is someone who tries to change the Soviet Union; for them, the main thing is either preserving Jewish culture or getting the possibility to emigrate from the Soviet Union, and the Jews were lucky to be one of the few groups that were allowed to emigrate: Between 1970 and 1979, there was a window where it was allowed. About one third of the Latvian Jewish community emigrated in these years and one additional third after 1989, when it became possible to emigrate again.

Do they still emigrate from Latvia?

Ilja Ļenskis: Hardly. Today, it's again part of a broader problem of emigration from Latvia - to Ireland, to England, to Germany, Norway or wherever. Since we became part of the European Union, Latvia has lost about 15% of its population due to emigration. Of course, the Jews are part of this movement, but it's not a particular Jewish movement, as it

was in the 90s when the Jews emigrated mostly to Israel, but
some of them also to Germany or United States or Canada or
wherever. From 2001, I would say, there has been very little
specifically Jewish emigration, and those people who emigrate
to Israel do it because of certain individual reasons: People
go to study, or they move with their relatives, or they want
to develop business, but these are personal stories rather than
mass emigration, as it was in the 70s and in the 90s. Several
years ago, the local representative of the Jewish agency, the
main institution that works with emigrants, said "I know each
and every Jew who emigrates from Latvia, both of them are
great guys." Maybe it was a little bit of an exaggeration, and
it were not just two people, but anyhow we're speaking of very
limited movement.

**Is the Holocaust an important topic in the history
lessons in Latvian schools?**

Ilja Ļenskis: In Latvia, as far as I remember now, they have
two lessons about Holocaust in grade 9 and two lessons in
grade 12, so four lessons altogether as a part of the history
course. But this is not the biggest problem because actually,
we don't have a reference point of how many lessons there
should be. It's the same when I'm constantly asked why Latvia
does not have a "normal" policy of commemoration - what is
normal? "Like in Germany", they say, what does that mean,
like in Germany? You can't say what is proper and what is
improper. It's the same with Holocaust lessons, we have a
group of teachers, 50, maybe 100 teachers in Latvia, who are
really interested in the topic. Most of them have been at least
once to Yad Vashem, to the special teacher training seminars
they have. They come to our museum, they try to bring their
pupils to our museum, so we have a group of teachers who
teach about the Holocaust well, who are interested and who
maybe also try to do some research on the topic. On the
other hand, of course, there are many teachers who are not

interested in the topic, and the biggest challenge for them is how to balance, in these four lessons, the general context and the local context because today, it seems to me that the main emphasis is on the general aspects of Holocaust, so that pupils will know about the *Kristallnacht* and about Auschwitz, but they would not know what happened to the Jews in their native town. But this is a general problem with the school curriculum: Constantly there are discussions whether Latvian history should be integrated in the general history course or if it should be a separate subject.

Generally, Latvia is a very centralised country with a certain obsession with centralisation and with a very sceptical and suspicious attitude towards local identities and local stories. And I think it's problematic because for Latvia, the history of the Holocaust is not about Auschwitz, it's something very different. An absolute majority of Latvian Jews were killed here on the spot, there are approximately 130 Holocaust killing sites in Latvia. Usually, only a small group of people in the town would know something about it. Again, the situation changes now, but still, I feel it's a bit insufficient.

Is the subject present in the arts, in literature, and in films?

Iļja Ļenskis: Yes, but not to the same extent as in Polish culture. As I understand, now they have one film ready about the Holocaust, "*Tēvs Nakts*", which will be presented next year, but it's not only about Holocaust, it's about the story of Žanis Lipke, who rescued more than 55 Jews. In the literature, the topic was present throughout the Soviet times, starting with the first post-war years, '48, '49, and up until now, but I think the first work of literature that would be dedicated to the topic of the Holocaust appeared two years or three years ago - a novel by Māris Bērziņš, "*Svina garša*", "The Taste of Lead", which is dedicated specifically to the Holocaust. Another important thing was the memoir of Valentīna Freimane, who is a very popular art and theatre historian, most Latvian theatre actors studied under her. As one of the prominent figures in the Latvian intellectual world, she wrote a memoir about her childhood, she is Jewish, so she wrote a memoir about her growing up as a Jewish child and teenager in the 20s and 30s in Latvia, and then about her Holocaust experience. She decided not to go to the ghetto when all Riga Jews were ordered to resettle to the ghetto, she went into hiding instead, and she was hiding all through the occupation, more than three years she spent in hidings in different places in Riga, and she wrote her memoir about it. It was a bestseller and to me it seems that for many people, it was mind-changing that this prominent Latvian intellectual turns out to be Jewish, so it turns out you can be a Latvian intellectual, a normal person, and be Jewish, and not only Jewish, but Jewish with a Holocaust experience. I think it was number one on the bestseller list of Latvian bookshops for many weeks, and it's still rather popular.

In theatre, there were several performances touching on the topic of the Holocaust in one way or another. The same novel of Māris Bērziņš that I mentioned, "The Taste of Lead", was also presented as a theatre play in the Latvian National Theatre, I think. Then, in Riga New Theatre, which is the main modernist theatre, there was a play several years ago called "The Grandfather" about a man who searches for his grandfather and encounters three men with the same name, each of whom could be his grandfather and each of whom had a different fate. One of them served in the Soviet army during the War and immediately after the War, and he tells about the Holocaust in his native town in a very detailed manner. When the theatre worked on the play, they cooperated quite closely with us; they came to us, they researched on the topic of the Holocaust in Viļaka, a small town in north-eastern Latvia with a significant Jewish population. The history of the Holocaust was depicted very correctly in the play. That's it, more or less, of course, it's not as prominent a topic as it is in Polish culture, but even in Poland it did not become prominent immediately.

How is the Latvian state dealing with the Latvian Waffen-SS forces?

Iļja Ļenskis: It's a complicated story. As you understand, there were all kinds of different groups in which Latvians fought in the Nazi-occupied territory. One of them is the Waffen-SS, to which people were conscripted in 1943. Among these people, who were drafted against their will to the German army after the Holocaust, basically, when most of the Jews were already killed, there were also people who were involved in the Holocaust, but that's a different story. Much more problematic are the so-called police battalions and the auxiliary police units, like the Arājs Kommando, which was the main collaborators' unit, which travelled from Riga to small localities to murder the Jews there. On the official level, of course, they are not glorified in any way. Actually, when Latvia became independent, most of the legal cases of people who were accused and sentenced during the Soviet times on a political basis, they were once again checked, and quite often, people would be rehabilitated. For example, many people who were drafted to the Waffen-SS would be sentenced to five years, ten years, twenty years of imprisonment for betrayal during the Soviet times, although of course, as Latvia today does not recognize the Soviet Union and considers it an occupying power, obviously, you cannot betray a country of which you are not a citizen and to which you do not serve, so these accusations could be dropped. But if a person was accused not only because of these political reasons, but also for what we would call crimes against humanity, then they would not be rehabilitated, and as I understand, they would not receive, for example, the status of "victim of political persecutions".
Interestingly, in Latvia today, the status of "victim of political persecution" is not only given to people who were imprisoned

by the Soviets, but also to Holocaust survivors, they are also seen as victims of political persecution. In this sense, I would say that Latvia deals quite well with its past, although we still have some problems with that, but at least on the official level, every public figure speaking at the commemorative events considers it important to mention the participation of Latvians in the Holocaust and to say something bad about it. I think this is important because 25 years ago, it was different.

But, for example, the National Historical Commission has no clear stance towards the 16th of March.

Ilja Ļenskis: The 16th of March is a completely different story. For two years, it was an official day, but in 2000 it was dropped from the calendar, and today, the 16th of March is a private event, we can say, organized by the nationalist groups, usually with very limited participation of real World War II soldiers, for different reasons, because of age, for example. But also, several years ago the main veteran organisation issued a statement that it advises its members to abstain from the participation in the event, it said they should go to Lestene instead on 16th of March, where the big Brethren cemetery is, and commemorate there, which is absolutely not a problem in my opinion. So, the Prime Ministers for several years now demand from the members of government not to attend the events, I think one of the ministers had to be dismissed because he wanted to attend the event several years ago. You can still see some of the members of parliament, but it's mostly a private event, and one of my colleagues wrote an article about it where he described it as a political circus. It's very much an event to advertise certain political forces, but of course also so-called anti-fascists come, which are basically Russian-affiliated organisations, and for them, it's also a possibility to advertise themselves. Every year, the journalists want comments by the Jewish community about 16th of March, and every year we say that we have no comments on that event because it has nothing to do with Jewish history, it has something to do with current political issues in Latvia and we're abstaining from comments on the current political situation.

Are there anti-Semitic statements being made on this demonstration?

Ilja Lenskis: Sometimes, but usually not on the official level, not carried on posters, but in the crowd, and we ignore that. For us, it's more or less on the same level as anti-Semitic talks, as someone who starts cursing the Jews in the tram.

Earlier today we talked to Jānis Urbanovič from the Harmony party. He said that some of the members of parliament participate in these events.

Ilja Lenskis: It was a governmental event in 1998 and 1999, but not any more, the government tries to distance itself. Again, how sincere people are, that's a different story, but at least on the official level, which is important, they distance themselves from the event. In recent years, the level of those who participate in the demonstrations and carry posters denouncing both the Nazi and the Soviet occupation is higher, and those who try to present Legionnaires as freedom fighters - it's merely political showing-off, but it's not an official event any more, and they try to find new modes of organising this event because obviously, it's not a commemorative event any more either, it's a glorifying event now and obviously, it's affiliated with certain political parties.

But of course, the government could find clearer words.

Ilja Lenskis: If it did, it would be a different government. The Riga city council has tried several times to ban this event, but then the court overruled this decision. And again, it makes sense because it's a non-violent event. Officially, they do not glorify Nazi or Soviet regimes, so there is no basis to ban the event - as we understand it in a democratic society, even very unpleasant people have the right to demonstrate, so I think that's the right thing and I prefer it happening like that: On the one hand, the Riga city council shows their attitude, on the other hand, the court does what the court has to do. I do not see this event as problematic, for me in person.

We read that there is always a religious service in a Lutheran church after the question. My question would be: how are the relations between the Evangelical Lutheran Church of Latvia and the Jewish community, and also between the other religious communities and the Jewish community?

Ilja Ļenskis: As I understand, this service in Riga Cathedral is mostly organised by one of the priests who is affiliated with this event and who often comes to similar events. The relations between the Jewish community and most of other religious denominations are quite good. Of course, the Jews are a minor religious group, we have four dominant religious groups that would be represented in all of the events - Lutherans, Catholics, Russian Orthodox, and Baptists. Other smaller groups would usually not be represented officially, but their representatives would be invited. We don't have any sort of commissions on cooperation. There is an organisation called Jewish-Christian Council in Latvia, which is not very active. In a small country, you can't devote 100 percent of your time to NGOs, NGOS are more of a hobby. Generally, I would say that relations are quite good.

In Germany, open anti-Semitism is a taboo, at least officially, and there are not too many anti-Semitic acts, but especially when Palestinians are fighting against Israelis or the other way around, there is some ex-

**treme criticism of Israel. According to my opinion, it's
an expression of hidden or shamefaced anti-Semitism.
Do you find it here as well?**

Ilja Ļenskis: It could be. We're not so interested in the
Israeli-Palestinian conflict here. I think when there was the
last war in Gaza three years ago, people were asked during
a poll whom they support in this conflict, and about equal
shares, seven or eight percent, said that they support either
Palestine or Israel, and 85 percent said that they don't care or
don't support anybody. On the other hand, during this war
there were two anti-Israeli demonstrations near the Israeli em-
bassy, which gathered 16 people altogether, and a pro-Israeli
demonstration which was organised by a group of activists and
also by some Israeli expats living in Latvia, there were about
150 people there. As Latvia is very pro-American, it is de
facto also very pro-Israeli, we have very good relations with
Israel.

In recent years, we have very good and very active Israeli am-
bassadors here, who try to outreach and who try to explain
their position and who do not run around advertising Israel, as
it sometimes happens with Israeli diplomats. They try to explain the complexity of the conflict, although, obviously, they
are Israeli diplomats and therefore are on the Israeli side of
the conflict, they do not avoid problematic questions, and I
think it's very important.

We almost don't have this so-called new anti-Semitism mask-
ing as anti-Israeli sentiment. Quite often in these anti-Israeli
demonstratiosn, we find people from immigrant communities,
Palestinians and so on. But in Latvia, we don't have that
problem with, for example, the Muslim communities being
anti-Semitic or whatever, even people with a migration background and the Muslim communities, - I don't know if they
have or don't have this sentiment, but we don't have that issue in public life, and the only hardcore anti-Israeli and also
strongly anti-Semitic group in the Muslim community are re-

cent converts to Islam, Latvians, Russians. Actually, one of
the most prominent Latvian anti-Semites converted to Islam -
Ahmed Roberts Klimovičs, he's a prominent figure, he's rather
active on the media and a former journalist -, and to me it
seems that for him the motivation to convert to Islam was
his anti-Semitism, because he thought that Islam is the main
anti-Semitic force of today. But then, the Muslim community
just tried to get rid of him, because they, as a normal community, want to deal with religious and cultural issues, they
don't want to get involved in anti-Israeli demonstrations, anti-
Semitic hate speech, Holocaust denial and all those things.
Speaking about immigrant issues, the Jewish community
watches with certain suspicion the anti-immigrant activity because most of the people who organise anti-immigrant demonstrations are people with a strong record of anti-Semitism. We
see it as a danger that this anti-immigrant activism can also
switch to anti-Semitic and broad xenophobic activism.

**Is the way in which Herberts Cukurs is remembered
anti-Semitic?**

Ilja Ļenskis: The story of Herberts Cukurs is very complex.
Herberts Cukurs was a famous Latvian pilot, who in 1941
became member of the Arājs Kommando. He was head of
the transport section there and also the main arms officer, he
was responsible for distributing arms to the units going to the
shootings and so on. Then in 1944, '45, he retreated with the
German army to the west and emigrated to Brazil. He lived
in Brazil with a fake identity and was accused several times as
a Nazi collaborator and war criminal. The Brazilian government refused at least twice to grant him Brazilian citizenship.
There was big pressure and there were investigations of different international organisations, but never any formal trial
against him. In 1965, he was murdered in Uruguay, allegedly
by Mossad agents.
Basically, his story is not part of the story of the Holocaust,

it's very much a story of how we perceive the Holocaust, and what was the driving force for people to get involved in the Holocaust. There are many myths and misconceptions about him. In the documents we see that he was a member of the Arājs Kommando, he was in quite a high position there, and he personally was involved several times in shootings. What he did not do is what is stated in many books: He was not the leader of the Arājs Kommando, he did not murder 30,000 people. We tried to show that he was, as we put it, a murderer on offer, as was the case with many people who collaborated: They did not have an anti-Semitic background. The Nazis offered the to participate in the killing of the Jews and they agreed, "why not?" If nobody had made them an offer, they would not have participated.

For Cukurs, for example, the main reason why he came to participate in the Arājs Kommando was that during the Soviet year, he was favoured by the new authorities as a pilot, as an aviation engineer. He went to Moscow to offer his help to construction companies there. When he returned, someone even tried to arrest him for being a Soviet collaborator. So for him, joining the Nazi collaborators unit was a way to whitewash himself. And he knew Viktors Arājs before, so he went to him to ask for protection. Another important issue with Cukurs is that he technically saved at least one Jewish girl, who was his lover, and he made her his lover already during the Holocaust. To me, it's problematic to call it a rescue, but still, technically she survived because she was affiliated with him, and he really took her with him when he escaped to Brazil. We have the witness account that she gave in Brazil where she mentions him as rescuer.

It's a very complicated story, and for many years now, the right tends to whitewash him and to make him kind of a national hero, whom treacherous, murderous Jews have killed despite him being such a philo-Semite. There was a musical about Herberts Cukurs. In the musical, many stories were told in a very distorted way. In the musical, he rescues a seven year old Jewish boy. When the members of the Arājs Kommando come to arrest the boy, his father tries to give them money to leave him alone, and when it turns out that anyhow they are arresting him, he asks Cukurs to protect this boy.

First of all, we know the name of the boy, he died a few years ago, and he was not a boy back then. In the musical, it's a seven-year-old boy, but in reality, he was 17 or 18 years old. Secondly, his father did not offer money, but we know from the testimony of the boy that the father showed his ID card that proved he was an Independence War veteran; he presumed that as someone who had fought for Latvia's independence, he would not be arrested. Again, you see that there is this very strong anti-Semitic myth of Jewish money and Jews trying to sneak out with financial means.

Then, of course, Cukurs did not rescue the 17-year-old boy - what actually happened was that he did not kill him. That's reflected actually both in the memoirs of this boy and in another witness account: Cukurs killed someone else, but he decided not to kill this boy, who worked in the Arājs Kommando headquarters. This can hardly be called a rescue. The musical is very problematic from this point of view, and this pressured us to write an article about it.

I was quite surprised, there were about 300 comments on the Internet under this article. I would say that about quarter of them were positive, while 75% were anti-Semitic, but about one-quarter said, "okay, I'm surprised". In our article, we gave a huge amount of witness accounts, we analysed them, and we said that this account, which is quite often mentioned, cannot be trusted. For example, the Wiesenthal Centre, when discussing Cukurs, uses many witness accounts that they found in Yad Vashem, which are absolutely not believable, they're not usable as historic sources, they're just nonsense, but still Wiesenthal Centre refers to them because they are very colourful. To us it seems that the Holocaust is dreadful itself, we don't have to decorate it even more.

We mentioned many accounts and we analysed what we can trust, and actually, people were surprised: "The Jewish community tries to analyse it cool-headedly, they're not trying in all possible ways to say that all Jews are good and all Latvians are bad." Parallel to that, there was a discussion of the possibility of retrieving the corpse of Cukurs from the cemetery in Brazil where he is buried and transfer him to Brethren cemetery in Riga, which is a kind of pantheon. The Commission of Historians strongly opposed that. They said that this would be a very problematic issue politically and also historically. Someone who was member of the Arājs Kommando cannot be Latvia's hero. This was stated explicitly in an article by Karlis Kangeris. It's really a very complicated story, and it shows that history is not just black and white. For me, this was one of the most important encounters with Holocaust history in recent years and we really had to speak a lot about this issue. We're glad that at least last year, there were no more discussions concerning him.

You said that anti-Semitism in Latvia is not very strong, but it exists. Could you give us some examples of anti-Semitic discrimination that have happened during the last twenty years?

Ilja Ļenskis: As I said, we don't have discrimination. What we have are cases of vandalism in Jewish cemeteries and Holocaust memorials. We have sporadic anti-Semitic statements by certain politicians. I think the last statement was about two years ago by a member of parliament, Kārlis Seržants. He apologised. We think that the main reason for Latvia not solving the restitution issue is anti-Semitism. We didn't have violent attacks during the last fifteen years. We almost don't have Holocaust denial, sometimes it appears on the Internet, but not in the public sphere.

Do Jews get insulted in public?

Iļja Ļenskis: It sometimes happens, but not to the same extent as in Hungary. In Riga, you can easily walk dressed as a traditional Jew and nobody cares about that. I heard of two or three cases in the last years of someone being insulted on the street. Generally, anti-Semitism seems to become more and more of a taboo. The day before yesterday, I was taking the taxi and the driver, not knowing that I'm Jewish and that I come from the Jewish seminar, started talking that he likes Jewish proverbs. And he tried to use the politically correct word. In Latvian, there are two words for the Jews. Currently, the word "ebreji" is used. In the 1920s, 1930s, the word "žīdi" was used more often, which today is derogatory, but occasionally still used in vernacular speech. This driver said "well, I know now, politically correct you should say ebreji", so he continued using only this word, not knowing that I'm Jewish. For him, it was clear that speaking with someone you don't know, you should use politically correct terms. I think it's a big step forward. You have to understand that in Latvia, political correctness and tolerance are perceived as improper. Latvia generally is a very intolerant country where we take pride in our intolerance, so I think it's an important change.

Do you have hope that anti-Semitism will completely cease sometime in the future? Is it possible?

Iļja Ļenskis: No, I don't think it's possible. I think that most forms of xenophobia can never disappear completely because they have not only social roots, but also individual roots, psychological roots, they are very deeply connected with conspiracy theories and so on, and these are such individual things that you can never fully destroy them. That's why I don't believe that anti-Semitism will disappear, but I think it will be at a certain point decreased to the level where it is just not an issue, it will be the same as some people who believe that the earth is flat. Probably, we can't do anything with these people, but that's a small marginal group, so probably at a certain moment, anti-Semites will be decreased to such a group of marginal freaks as well.

You mentioned that 25% of the comments under your article were not anti-Semitic and the rest was anti-Semitic, and that you were surprised by that? Is there a lot of hate speech directed against the Jewish community on the Internet?

Ilja Lenskis: On the Internet, yes, there is. The problem is that on the Internet, you never know if it's maybe only one person writing under 25 nicknames. We don't have the capacity to research more on it. There are certain organisations that do the monitoring of hate speech on the Internet, like the Latvian Centre for Human Rights. When we get certain comments, which are not just anti-Semitic, but incitements to violence, we record them, and we have a very good cooperation with the security police. This is only for cases of incitement of violence, so if there is ranting against the Jews, you just ignore it. The moderators of all the web sites, they do their job, and actually the harshest comments will be deleted. On some web sites, comments won't be allowed under articles related to the Jewish community. It usually happens under articles dedicated to the Holocaust, because it's a very troll-provocative topic.

Are there any anti-Semitic phone calls or letters?

Ilja Lenskis: Very rarely. There are definitely no phone calls, sometimes there are weird letters, but we don't take them seriously. I can say that generally, Latvia is a rather safe country for Jews. As you've seen, we have no guards here in the building. We do have permanent police monitoring and presence in the synagogue, but they're not checking anybody. They

are rather there to scare bad people away from the synagogue
than to really check everybody who enters. This is impossible
in many other European countries, as you know.

**When people come to this museum with anti-Semitic
opinions, do they ever learn something in this museum
that changes their mind?**

Iļja Ļenskis: I think we have had maybe one or two cases
like that: schoolchildren that already came with a certain anti-
Semitic mindset. I don't think what they learn here would
very much change their attitude. For grown-ups it sometimes
changes something, but we're lucky that if a person is anti-
Semitic, they do not come to this museum. We certainly have
a distorted prism because we do not communicate with anti-
Semites. I don't think that you can change this mindset, because if you're really a hard-core anti-Semite, it means that
you've invested certain time in educating yourself, in reading
all kinds of texts. And the texts you read lead to the strength-
ening of your anti-Semitic belief. You will hardly find a change
through an encounter with the Jewish museum. I think our
museum contributes to the understanding of many people who
are not anti-Semitic, who didn't know anything about Jews,
and who find out that the Jews were an important part of the
Latvian landscape, not too important, but still an important
one.

**Are people in general interested in visiting the mu-
seum or the synagogue?**

Iļja Ļenskis: We see quite a big interest during the Night of
the Museums. We usually have several hundred visitors, the
biggest number we had were more than 1200 visitors. You've
seen how limited our space is, so we're not very fit for such a
huge number of people. Most of the people who come during
the Night of the Museums are locals, not tourists. On regular

days, the majority of our visitors are tourists.

To me it seems that many people are afraid to come to our museum, for different reasons. I know that some of my friends didn't want to come to our museum because they thought that it's mostly concentrated on the Holocaust and it will be too dark and too grim. This can be one of the reasons. Another reason could be that people think that, just as they feel that being interested in Jewish culture is something like a guilty pleasure, going to the Jewish museum is something that you should be ashamed of, something that's not normal. People still are afraid to go to the Jewish museum because they think that neighbours or classmates will ask: "Are you Jewish? Why do you go to the Jewish museum? Why are you interested in Jewish culture? Why do you read books about Jews?"

We read an interview with the leader of the Jewish community in Latvia saying that there is no anti-Semitism in Latvia. As I gather from what you are saying, that is not entirely correct...

Ilja Lenskis: In an interview like that, I would say more or less the same thing. An interview is something where from two hours of talking, you will eventually extract a ten-minute interview. If I was asked for a correct, short, and concise answer, I would also say that there is no anti-Semitism, as a formula for "We don't see anti-Semitism as an important challenge for the Jewish community." As your project is dedicated to researching anti-Semitism, we're talking about it in a detailed and nuanced way. But in general, wedon't have anti-Semitism as a problem, at least compared to many other European countries.

Kalevs Krelins

*Kalevs Krelins is a rabbi in the Peitav-Shul synagogue in Riga
and at the same time chief rabbi in Lithuania and Vilna.
He was born in Moscow and studied in Jerusalem. He served
as a rabbi in a school in Copenhagen, Denmark, in Heidelberg,
Germany, and for a Young Israel community in the United
States. In 2012, he was asked to serve as the rabbi of the com-
munity in Riga. Together with Shimshon Daniel Isaacson, he
was appointed as the chief rabbi of Lithuania in 2016. Besides,
he also works as the* mashgiach *(Hebrew word for supervisor)
of the European Council of Kashrut (EEK) in the Baltic states.
The interview took place in the Peitav-Shul synagogue on
September 28th, 2017. Throughout the conversation, Mr
Krelins exclusively expressed his own views, not those of the
Jewish community in Riga.*

How did anti-Semitism develop in Latvia after World War II?

Kalevs Krelins: It's hard for me to describe because I didn't
spend the years after the war here. As far as I know, the Soviet
Union had a pretty powerful control over anti-Semitism. They
were able to bring it higher or lower according to the international situation. As a child, I was raised in Moscow. For us,
Riga was always the top of Jewish development compared to
Moscow in terms of civility, and also in terms of religious freedom. There was no religious freedom in the Soviet Union, but
in terms of what they could do here compared to what they
could do in Moscow and other cities, it was an example of
a very well-functioning community. They had kosher meals,
they baked matzah and sent it to the whole Soviet Union.
They always performed circumcisions. I do circumcisions my-

self. I travel to other countries and people say "We had a circumcision thirty or forty years ago, and the guy came from Riga." Riga was always the place. For sure, there was the KGB, people were tortured. But if we compare it with Moscow, it was not so bad, and many very knowledgeable people were raised here after the war in Soviet times. That's what I know from stories.

My own experience here is limited to the last five years. I don't see major issues with anti-Semitism here. We all know that we cannot judge any place according to strange local people. I believe that the government here is very nationalistic, but in my opinion, their nationalism is related to the conflict between Russians and Latvians, so the Jews are not in the picture. We used to say that we can't relax, because they'll finish the conflict with the Russians and then they come after us, but we thank G-d that we don't have any problem. There is a joke: "They finish with them, they'll start with us."

Do you think there is some reality behind this joke?

Kalevs Krelins: Historically, yes. History shows that Jews were always seen as an enemy. When a new enemy came, the Jews went to the second line. As soon as there is peace with that enemy, they go back to see the Jews as their enemies. I hope I exaggerate. But we have to be aware.

In Germany, synagogues are protected by the police. Is it the same in Riga?

Kalevs Krelins: Here we don't talk about protection. I know how the synagogues in Germany are protected. When I was rabbi in Heidelberg, I once parked at my parking place next to the synagogue. It was September 11th, the year after the attack. The police didn't recognize me, so they jumped on me and checked me. They take it very seriously. Here people go around the whole country, they feel that nothing happens.

It's not only about synagogues; in the whole country, they're relaxed. They're only afraid that Russia will invade. In Germany and France, synagogues are much more protected. I personally never had any bad feeling in Germany, but I was in the most intelligent place, Heidelberg, which is a university city. Here in Riga, I don't feel anti-Semitism.

So you don't have any problems walking around with a kippah?

Kalevs Krelins: First of all, I don't walk around with a kippah. I wear a casquette, for a simple reason. I came here from New York, where it's easy to walk around with my kippah. I know that there are many people who hate Jews, but if someone who hates Jews and wants to express himself to a Jew meets me with my kippah in New York, he can go further down the street and meet someone else with a kippah. Here in Riga, the guy who wants to say or do something has to wait a couple of years to meet the next Jew. That's why they hurry up to express themselves. Sometimes on Saturday, I go with a hat, sometimes I go with my kippa, my kids too, but we've never had any issues. Maybe once or twice somebody said something.

What are the differences regarding anti-Semitism between Germany and Latvia?

Kalevs Krelins: My personal experience is that Germany recognised and experienced the pain of what it has done, but Latvia never did. Latvia and the Latvian people were extremely cruel with the Jews. They say that the German government gave them free rein and the Latvians did the whole job. The Latvians, Lithuanians and Ukrainians were the most cruel, more cruel than the SS themselves. The people who remember say that the German government was certainly terrible, but as people, Latvians, Lithuanians and Ukrainians

124

were much worse than the Germans.

Is the Holocaust remembered and spoken about in Latvia?

Kalevs Krelins: No, they say that there was the occupation. They always say that they were under occupation: "We're under German occupation, we're under Russian occupation, we're under Swedish occupation 400 years ago." They are always under occupation, it's not their fault. But they did their best to destroy all the Jews. The terrible thing is that the number one or number two in the destructions was Herberts Cukurs, who is a national hero. He's not officially recognized, but officially praised for his achievements: He built planes, he flew to the Arctic. There was a musical about his greatness here. We see that he has achievements, but these achievements can't cover up what he did. He was killed by the Mossad during the sixties in Uruguay. He fled from America, from Russia, he fled from everyone. Many war criminals fled to Argentina. The Mossad killed them. They now say that it was a mistake that they didn't bring him to court.

Do you mean that Latvians are not remembering and recognizing their own guilt?

Kalevs Krelins: No, they are not recognizing their own guilt. They do say that unfortunately there were some Latvian people who collaborated. They have Waffen-SS marching here every 16th of March. They say it's not exactly against Jews, but against Russians. When they say it's against Russians, everyone is forgiven.

Is the Jewish community offended by these marches?

Kalevs Krelins: Definitely. The Jewish community is very offended by these celebrations. We know that some of these people from the Waffen SS participated in mass murder.

**Do you think that the government is distancing itself
enough from this march?**

Kalevs Krelins: It's very hard to follow what the government is doing here. I don't want to speculate, but certain members of the parliament and of the government are participating in or praising the celebrations. And there are very few demonstrations against it, just expressions. Usually when they catch somebody who expresses himself against it, they say it is an agent of the Kremlin. For example, when somebody screams "You are Nazis", "You are killers", they take him aside for disturbing the public order and say it's inspired by Putin.

Does the Jewish community organise any demonstrations against the celebrations?

Kalevs Krelins: No, I don't think so.

Would they be seen as agents of the Kremlin if they organised demonstrations?

Kalevs Krelins: Yes. Latvian Jews were almost all killed during the war, ninety percent. After the war, Latvia became a very developed part of the Soviet Union. It was the Silicon Valley of the Soviet Union. I remember that all sorts of computer parts and cars were made here. Latvia was among the top technologically. So they sent many professionals from Russia here, among them many Jews. A big part of the Jewish population of Latvia today are descendants of Russian Jews that came as professionals to develop the economy of Latvia. So, most Latvian Jews are actually not Latvian. For us, if a person is a Jew, it doesn't matter where they come from. But for them, Latvian Jews and Russian Jews are different.

Latvian Jews were exterminated and now, these Russian Jews are associated with Russia.

Do you think that those who are anti-Russian are also anti-Semites and vice versa?

Kalevs Krelins: A bit. I have to admit that many Jews who were oppressed in Russia went to the communist movement after the Revolution. Jews were one of the most oppresed nations, so they went against the system and joined the reds, the communist party.

Did they consider themselves as Jews?

Kalevs Krelins: They considered themselves as Jews. They were secular, they considered themselves as people who stand against different types of oppression. And oppression of the Jews was one of the oppressions in Russia before the Revolution.

How big is the Jewish community here?

Kalevs Krelins: We don't have official memberships like in Germany, for example. In Germany it works with *Kirchensteuer*, the register. Here we don't have such numbers. Very roughly, we talk about 8,000 Jews in Latvia. I know that the Jewish community in Riga has 100 members, but that doesn't mean that 100 people are coming to the services. On a daily basis, about 15 people come. On Saturday, we talk about 40 people, more or less, and on high events it's packed. It depends on the weather, the time of the year, but it's a lot, 150-200, sometimes more.

How have the numbers developed since the independence of Latvia?

Kalevs Krelins: Many people moved to Israel after the Soviet Union broke apart. The numbers have certainly gone down. But the whole population of Latvia is going down.

Was it illegal to emigrate before independence?

Kalevs Krelins: No, it was legal, but the government did not appreciate it. People applied and they got a permission, but only a few. In the begining of the 70s, many people got the permission. After the war in Afghanistan in the early 80s, until 1987, it was very hard to get a permission. After 1987, it got easier again.

Is there a discussion in the Jewish community about moving to Israel?

Kalevs Krelins: I think it's already settled. Some people come to me and ask why I don't move to Israel. I think if people are here, they have a reason to be here. Young people go to Israel to learn, to go to school or college. There are many people who lived in Israel, experienced Israel, and then came back. They decide to settle here. More or less, everyone came to his or her own conclusion with this question until now. The same is happening in Germany.

Do you see any future for the Jewish community here in Riga?

Kalevs Krelins: When someone from the Jewish community asks such a question, I have to say it's up to you. It's like a free market. If there is a demand, we will supply the demand. Sometimes there is a rabbi who wants to have a synagogue, so he creates himself the crowd. I think this concept is wrong. If the people need it, if they show that they want to know, they want to learn, I want to teach, but the first step has to be done by the people. Otherwise it's counterproductive.

Dieter Hegwein and Robert Sandmann

Until March 2019, Dieter Hegwein was head of Sachgebiet E35 (Staatsschutz) *at the* Polizeipräsidium Mittelfranken, *responsible for investigating politically motivated crime in the Middle Franconia administrative region. Since then, Mr. Hegwein is head of the* Kriminalpolizeiinspektion Ansbach *(criminal investigation department of Ansbach). Robert Sandmann is press officer of the* Polizeipräsidium Mittelfranken *(police department of Middle Franconia administrative region).*
The interview took place on January 4th, 2018, at the Polizeipräsidium Mittelfranken in Nuremberg, it was conducted in German.

Mit welchen Fällen von Antisemitismus hatten Sie in den letzten Jahren zu tun?

Dieter Hegwein: Wir haben auf Ihre Anfrage hin vom Bayerischen Landeskriminalamt die sogenannten PMK-Zahlen, „Politisch motivierte Kriminalität", zum Thema Antisemitismus erheben lassen, bezogen auf den Bereich der Stadt Nürnberg in den letzten fünf Jahren. Wir hatten jedes Jahr eine einstellige Zahl von Fällen in Nürnberg. Da geht es in aller Regel um sogenannte Propagandadelikte. Das können Schmierereien an Wänden oder Posts im Internet sein. Wenn diese in Verbindung mit Antisemitismus stehen, dann wird das Themenfeld Antisemitismus angenommen, ich betone, angenommen. Wissen wird man es, wenn man den Täter ermittelt und der Täter aussagt, aus Judenhass so gehandelt zu haben. Häufig gibt es leider keinen Ermittlungsansatz und die Täter bleiben unbekannt. Nicht nur in Nürnberg, sondern in ganz Mittelfranken gibt es sehr wenige Delikte im Themenfeld Antisemitismus. Unser momentaner Arbeitsschwerpunkt im Staatsschutzbereich ist der religiös motivierte Islamismus. Der Rechtsextremismus spielt natürlich auch eine Rolle, aber das Themenfeld Antisemitismus ist aktuell eher untergeordnet.

Welche Rolle spielt der Antisemitismus im Islamismus?

Dieter Hegwein: Bei uns momentan keine. Es ist klar, dass islamistische Gruppierungen, Organisationen und auch die Islamisten, die diesen Gruppierungen anhängen oder sie unterstützen, von Grund auf antisemitisch eingestellt sind. Islamismus bedeutet in aller Regel auch Antisemitismus. Bezogen auf die aktuelle Gefahrenlage oder die aktuelle PMK-Lage spielt diese Verbindung keine Rolle. Wir sehen die Gefahr für Deutschland beziehungsweise für Bayern oder Mittelfranken, aber nicht in erster Linie für jüdische Einrichtungen oder für Juden. Die Gefahr würde darin bestehen, auf öffentlichen Plätzen möglicherweise Anschläge zu planen, aber nicht gezielt gegen jüdische Einrichtungen, die es als solche natürlich auch in Nürnberg gibt. Daher haben wir diese „gefährdeten Objekte" von polizeilicher Seite zwar im Blick, aber wir sehen keine explizite Gefahr des Islamismus bezüglich jüdischer Einrichtungen oder Personen.

Beim Gazakrieg 2014 gab es eine Demonstration in Nürnberg von Palästinensern und möglicherweise Islamisten, aber auch von durchaus Friedensbewegten und linksorientierten Demonstranten mit Parolen wie „Juden raus!". Die Demonstranten haben einen McDonald's belagert, weil sie glaubten, McDonald's sei eine jüdische Einrichtung, und haben dort randaliert. Ist seitdem so etwas nochmals passiert?

Robert Sandmann: 2014 gab es eine Demonstration im März und eine im April, die als Demonstrationsgeschehen mit dieser Thematik erfasst wurden.

Dieter Hegwein: Seitdem sind keine weiteren Fälle unter dieser Thematik bekannt.

Gab es Tötungsdelikte seit der Ermordung des damaligen Vorsitzenden der Israelitischen Kultusgemeinde Shlomo Lewin und seiner Freundin Frida Poeschke 1980?

Dieter Hegwein: Wir hatten leider den Fall eines versuchten Tötungsdelikts am 01. Januar 2016, als ein letztendlich auch deswegen verurteilter deutscher Staatsangehöriger einen anderen Menschen auf ein U-Bahngleis geschubst hat. Er gab als Motiv an, der andere sei Jude. Der Geschädigte wurde leicht verletzt. Glücklicherweise fuhr gerade keine U-Bahn ein. Der Täter ist wegen versuchten Totschlags verurteilt und letztendlich aufgrund seiner Äußerung: „Das habe ich getan, weil er Jude ist" als antisemitischer Gewalttäter eingestuft worden. Eine weitere Gewalttat in dem Sinne hat es in den letzten Jahren nicht gegeben.

Ein sehr großer Teil der Rechtsextremisten ist judenfeindlich orientiert. Auf welchem Stand ist der Rechtsextremismus in der Region?

Dieter Hegwein: Wir haben die abgeschlossenen Zahlen für 2017 noch nicht, aber tendenziell lässt sich sagen, dass bei den rechtsgerichteten Straftaten ein deutlicher Rückgang im Jahr 2017 erkennbar ist.

Nach einem deutlichen Anstieg im Jahr 2016?

Dieter Hegwein: 2016 hat es überregional einen Anstieg gegeben, aber eher weniger in Nürnberg. Die PMK-Straftaten in Nürnberg waren letztendlich einer Person geschuldet, die in dem Bereich mit vielen Straftaten aufgefallen ist und in der

PMK als rechts verortet worden ist. Davon abgesehen waren
der Anstieg 2016 insbesondere in der Fläche verortet. Das hat
sich aber 2017, ohne konkrete Zahlen zu präsentieren, wieder
nivelliert.

**Schwerpunktregionen der rechten Straftaten waren,
zumindest einige Jahre lang, Neustadt Aisch und Bad
Windsheim, mit dem versuchten Mordanschlag auf
ein Flüchtlingsheim und mit geschändeten Friedhöfen.
Sind dahingehend neuere Straftaten bekannt oder hat
sich die Lage wieder beruhigt?**

Dieter Hegwein: Diese Straftaten sind völlig zurückgegan-
gen im Vergleich zum Jahr 2006, gerade in den Landkreisen
Neustadt Aisch und Bad Windsheim.

**Was führt zu solchen Häufungen von Fällen in be-
stimmten Regionen? Was trägt dazu bei, dass zeitlich
manchmal mehr, manchmal weniger passiert?**

Dieter Hegwein: Wenn man die Situation in Nürnberg betrachtet, dann ist es genau einer Person geschuldet, die für eine
zweistellige Zahl von Straftaten verantwortlich ist.

War das Matthias Fischer?

Dieter Hegwein: Ich will natürlich keine Namen nennen.
Wäre dieser Mensch nicht in Nürnberg, hätte die Stadt Nürnberg zwischen zwanzig und vierzig Straftaten weniger. Die
Flüchtlingszeit, gerade das Jahresende 2015 und das Jahr 2016,
hat auch in Mittelfranken, so wie in der gesamten Bundesre-
publik, dazu beigetragen, dass rechtsextremistische Propagandadelikte zugenommen haben. In der gleichen linearen Weise
haben diese Propagandadelikte mit dem Rückgang dieser mas-
siven Zuwanderung auch wieder abgenommen. Wir haben immer noch Zuwanderung, aber wir sehen eben nicht mehr diese

Zuwanderungen, wie wir es im Sommer oder im Herbst 2015 gehabt haben. Entsprechend gehen auch diese rechtsgerichteten Propagandadelikte zurück.

Gibt es Überschneidungen zwischen der Reichsbürgerbewegung und dem Antisemitismus?

Dieter Hegwein: Es gibt in Einzelfällen tatsächlich Überschneidungen, also Fälle, in denen Reichsbürger auch als Rechtsextremisten verortet werden. Diese Personen sind gleichzeitig auch Antisemiten. Dabei handelt es sich um Einzelfälle, das ist nicht der Regelfall bei den Reichsbürgern.

Wenn eine solche Straftat passiert und diese als politisch motiviert kategorisiert wird, wie genau läuft das Verfahren ab? Wird direkt aufgeschrieben, in welchen Bereich man die Straftat verorten würde oder sind die Kategorien vorgegeben und man wählt eine aus? Wie kann man sich das vorstellen?

Dieter Hegwein: Zunächst einmal muss man die politische Motivation erkennen, die möglicherweise hinter einer Straftat steckt. Wenn man bei diesen Propagandadelikten bleibt, die gerade im Rechtsextremismus einen sehr großen Part einnehmen, sind das Zeichen oder Aussprüche verbotener Organisationen. Dann sind diese Straftaten sehr schnell identifizierbar. Das ist aber nicht in jedem Fall so. Manchmal muss man auch etwas dahinter blicken, um die politische Motivation zu erkennen. Es gibt klare Definitionen, wann eine politische Motivation vorliegt und in welche Themenfelder die Straftat einzuordnen ist: Antisemitismus ist ein Themenfeld, ebenso wie Hasskriminalität oder Antiimperialismus im linksextremistischen Bereich. Nach diesen Themenfeldern werden die Straftaten dann kategorisiert, um zu sehen, wie die Lage im Linksbereich, im Rechtsbereich oder im ausländerextremistischen Bereich ist.

133

Kann eine Tat in mehrere Kategorien eingeordnet werden oder muss man einen einzelnen Bereich auswählen?

Dieter Hegwein: Es können natürlich mehrere Themenfelder betroffen sein. Die Tat ist aber entweder links-, rechts- oder ausländerextremistisch oder eben islamistisch geprägt. Sie kann unmöglich links- und rechtsextremistisch sein, da würde sich etwas beißen.

Wenn Schmierereien wie „Juden raus!" entdeckt werden, in welche Kategorie wird das einsortiert? Werden solche Parolen automatisch als rechtsextremistisch eingestuft?

Dieter Hegwein: Ja, Antisemitismus ist ein Themenfeld aus dem Bereich Rechtsextremismus. Alles, was als antisemitisch eingeordnet wird, ist gleichzeitig auch rechtsextremistisch.

Obwohl es auch linke Antisemiten gibt.

Dieter Hegwein: Das mag es geben. Dann müssten aber noch deutliche Zeichen dazukommen, bei denen gesagt werden kann, dass das eher im linksextremistischen Bereich anzusiedeln ist. Wenn ein solcher Spruch gesprüht wird, wie Sie ihn gerade geschildert haben, wird man diesen rechtsgerichtet zuordnen wollen.

Wenn noch etwas dazu käme, sodass man diese Straftat in einen linksextremistischen Bereich einsortieren würde, es in diesem Bereich aber kein Themenfeld „Antisemitismus" gibt, was passiert dann?

Dieter Hegwein: In solchen Zweifelsfällen entscheidet letztendlich das Bayerische Landesamt für Verfassungsschutz, in welche Kategorie die Straftat fällt. Man spricht dann von Prüffällen, bei denen es tatsächlich nicht eindeutig feststellbar ist.

134

Der Verfassungsschutz ist die Stelle, die Organisationen als extremistisch bewertet. Solche Entscheidungen kann nicht die Polizei treffen, das kann allein der Verfassungsschutz.

Dr hab. Steffen Huber, Prof. UJ, Paweł Karpiński, and Krzysztof Turek

Steffen Huber has researched and taught at the Department of Polish Philosophy at the Institute for Philosophy of Jagiellonian University in Kraków since 2005. He is also a member of the Policy Council of the Józef Tischner Institute. This institute that was founded by pupils and friends of the philosopher and priest Józef Tischner (1931-2000) for the purposes of preserving and spreading knowledge about his works and of continuing research about the most important aspects of his philosophy.

Steffen Huber's research interests are Polish philosophy of the Renaissance, social philosophy, and translations of philosophical texts.

Paweł Karpiński and Krzysztof Turek studied philosophy at Jagiellonian University in Kraków, were they were active in the samorząd studencki (students' union).

The interview took place on January 26th, 2018, at Jagiellonian University in Kraków. The first part of the interview was conducted in German and has been translated to English for this publication.

As you've lived in both countries, we'd be particularly interested in a comparison of Germany and Poland regarding anti-Semitism. Which anti-Semitic incidents have you witnessed yourself or heard about second-hand? How is anti-Semitism rooted in the history of ideas in the two countries?

Steffen Huber: That's a big task. I have not dealt scientifically with the subject of anti-Semitism. For me it is a marginal phenomenon which one has to deal with every once in a while.

It is also a very contested area, especially the question of what anti-Semitism is. We've also had this here at the university. Even today, you often encounter anti-Semitism and then have to hear people say that there was none. That happens even if the classical motives of conspiracy, cultural destruction and a low level of development of the Jews are mentioned.

If I compare Germany and Poland, I would say the major difference is that anti-Semitism in Germany has no basis of experience for most people in the 20th century. People had virtually no experience with Jews who were culturally recognisable as such, and certainly not as groups. There was practically no Jewish cultural group in Germany at the beginning of the 20th century. These were basically fantasies of the extreme right.

These two parameters are different in Poland. In other words, Jews in Poland have a much more strongly recognisable Jewish identity, even as a group identity, which goes well beyond the religious and becomes tangible as a cultural, linguistic, ethnic, and economic identity. At first, there were considerably more areas of conflict. One should not only rate conflicts negatively. There are also productive differences in a society that stimulate development. There is a much larger base for this kind of conflict in Poland, also because Jews were not assimilated over the centuries for a much longer period than in Germany. The second point is that, of course, where there are Jews, there is also anti-Semitism. Anti-Semitism has always existed in Poland, but I would not say that Poland is particularly marked by anti-Semitism. Of course, there have always been tensions. There were pogroms, but these took place more in the east, especially in the Russian area of Poland. Nobody ever thought up something similar to the Holocaust in Poland. Those who defined themselves as anti-Semites in the first half of the 20th century have, for the most part, never went as far as they did in Germany. On the contrary, there were very important people who started from racial nationalism and thought the Jews were a threat to Poland. These very people then started to save Jews under the impression of the Holocaust. In that sense, I believe that the two countries cannot be compared directly at all.

There is a sore spot in Poland: One has the feeling that the Germans have committed the Holocaust and now they are moving around, accusing people of anti-Semitism. This is a situation many people can't deal with.

Which experiences with anti-Semitism have you made here?

Steffen Huber: First I have to clarify how I understand anti-Semitism. I think that there is a quite useful definition by Hannah Arendt according to which anti-Semitism is based on images of the dangerous Jew, of the Jew who rules, of the Jew who is not rooted in the society, the culture, or even in the ethnical history of a nation. You can find this in Poland as you can find this in any other country. I'm travelling around in Eastern Europe and I would not say that Poland is a hot-spot of anti-Semitism. We have to remember that there was a very intense development of Jewish culture in Poland which later on moved to Israel. In the first year of the Knesset, the informal second language of the parliament was Polish because everyone from this part of Europe more or less used the *lingua franca* of Polish, for example also those from the Ukrainian and Belarusian parts.

I've encountered anti-Semitism in Poland in two ways: First, there is a classical form of anti-Semitism that we find in the writings of Feliks Koneczny, for example. He was a historian working here at the University of Kraków and he wrote some books on history from a very specific perspective. He presented a theory of civilizations saying that the highest form of civilization is the Latin one, then we have the Eastern one, which means Russia, and then we have the Jewish civilization. Of course, the Jewish civilization is the worst, the least, and the most dangerous. These texts are used by the right-wing

political movement in Poland, they're quite popular. They
are even used in some part of the academic discourse and of
course, we have very hard conflicts over that.

Another example of anti-Semitism from Kraków: I talked to a
man whose family owns some flats in the former Jewish part
of Kraków, Kazimierz. When I asked him about the Jews
who lived in that house, he stopped talking to me. This does
not mean that this man is an anti-Semite. Perhaps his family
had some bad experiences with the Germans or with someone
else in this context. This also means that what seems to be
anti-Semitism sometimes is just the inability to speak about
something that has happened to your own family, even if it
was 70 years ago.

**So, the idea would be that you cannot talk about this
experience and then you switch back to some common
stereotypes that you can easily state and then use?**

Steffen Huber: Yes, we should learn to differentiate between
this and the classical anti-Semitism I saw in Poland. The
intrinsic stupidity of anti-Semitism can be exported to other
topics and to other ethnic or religious communities. This is
what happens in Hungary now. We observed this in Poland
as well. I think the technology of exporting the logic of anti-
Semitism to other topics, such as refugees from Syria, was
invented by the Hungarian government and now it's being used
by the Polish government. It's a way of copying anti-Semitic
patterns and using them in a new political discourse.

**Is this limited to the present government? Do politi-
cians from other parties also speak in this manner?**

Steffen Huber: I know some people who are really attached
to the government of *Prawo i Sprawiedliwość*, de facto of
Kaczyński. I'm absolutely convinced that they are no anti-
Semites. They are deeply rooted in that kind of even pro-

139

Jewish romantic tradition in Poland and they would never accept any kind of anti-Semitism. In the last weeks, we also observed a process which I personally welcome, with the government and the official media trying to fight anti-Semitism and right-wing ideology - this has to be stated as well. On the other hand, I met people who are rather left-wing, liberal, pro-European, and so on, and they are anti-Semitic. This shows that there is no clear correlation. If there is a clear correlation of right-wing thought with anti-Semitism, this is the extreme right. But this is not true for the main part of the conservative people in Poland.

Pawel Karpiński: The government and the media are trying to fight anti-Semitism and xenophobic ideology, but I doubt that it is a clear intention. For example, our new Minister of the Interior once said that he does not tolerate any kind of racism or xenophobia, but when legal procedures are run against nationalist parties, nothing happens. These cases are dismissed and this is a clear sign that it's being tolerated.

Steffen Huber: Take as an example Robert Winnicki, who is the leader of *Ruch Narodowy*. He is talking about racial separation, he came to Dresden and shouted the Nazi slogan *"Deutschland erwache"*. If you shout *"Deutschland erwache"* at a meeting of Pegida in Dresden, this is Nazi ideology. After that, he declared he did not know what it meant.

Have you ever encountered the stereotype of Judeo-Marxism?

Steffen Huber: Yes, it is used sometimes, but it's based on the romantic heritage of the 19th century in the fight against the Russians, the Prussians, and the Austrians. This was very closely culturally connected to the Jewish experience, so this is a very difficult situation.

Krzysztof Turek: There is another thing connected to Jews, with a different character. The Communist state openly dismissed Jews in the 60s. They lost their posts in public institutions, they were removed from the universities, and they were removed from the party, even those who were loyal party members.

What is the position of the Catholic Church in Poland regarding anti-Semitism?

Steffen Huber: I think there is not just one Catholic Church in Poland and I'm wondering why they don't split - which, I think, would have happened if Poland had had a different history. The Church has been the strongest and most endurable institution in Poland for 1000 years and it is very well trained not to split in a situation of conflict. The Church was much stronger than the state for centuries. So, you have a part of the Catholic Church which is clearly pro-European; some texts written by Pope John Paul II some 30 years ago would be unbearably liberal for a big part of the Polish society today. If you don't tell them that it was written by the Pope, they will say this is liberal ideology from the West. On the other hand, you have a very long tradition of Catholic nationalism and of Catholic anti-Semitism in Poland.

Have the last years of economic development had an influence on anti-Semitism? Is there any connection between the socioeconomic status of a society and the level of anti-Semitism?

Paweł Karpiński: I suppose there might only be a connection between low status and identifying a threat, some sentiment arising from seeing those who are well off and feeling it's somehow unfair.

Steffen Huber: That is true, but it's also a stereotype

of anti-Semites and racists. The people with conservative, nationalist, or racist convictions in parts of the society were absolutely not in a bad economic situation. The rural part of Poland has developed very strongly over the last 10 or 15 years. It is true that it has not developed as fast in the 1990s and before Poland became a member of the European Union, but over the last 15 years, you could see a very strong development. I rather feel attached to those philosophical theories that say that anti-Semitism is not a political conviction or a political instrument. Of course, it happens to be one, but its most substantial element is the need to feel better than someone else.

What about the Jewish Communities? Do you personally know any of their members? How do they view the situation of anti-Semitism in Poland?

Krzysztof Turek: I don't know any person who is Jewish. After World War II and after the next cleansing made by the Communist Party, there were barely any Jews in Poland.

Steffen Huber: I met some people. They are living in a quite normal manner and of course, they will tell you about anti-Semitism. It's not an everyday experience. It's not systematic physical aggression, but they will tell you that of course it happens from time to time.

You were also talking about the role of romanticism. Do you think it is conducive to anti-Semitism because of its negative stance towards rationality?

Steffen Huber: No, this has to be treated very carefully. You'll find some roots of aggressive racist nationalism in romanticism. Some authors are clearly pro-Jewish, though, and they take many basics from the Jewish tradition. Those who fought romanticism in the 19th century in Poland belonged to the positivist movement, which in the beginning was very liberal, but after 30 or 40 years, at the beginning of the 20th century, turned into the strongest and most serious anti-Semitic force in Poland. The National Democratic Party is rooted in the positivist movement. This is quite strange and you cannot say that anti-Semitism is romantic, anti-rational, and so on, while positivism is pro-Western, liberal, and rational. It is just not true. I think a substantial difference between Poland and Germany is that the Jewish culture in Poland was much more conservative, much more religious, and much more community and family-based. This was the experience of the Poles and this is how they tried in the 19th century to make some kind of Polish-Jewish dialogue, which really worked out in a very great manner. You have great pieces of literature and theatre which deal with these common metaphysical feelings. This is really a great part of the Polish literature and culture and this is also in the writings of Pope John Paul II, which of course are not read by the average Polish reader right now. "*Lingua Tertii Imperii*" by Klemperer shows it in the clearest way. He said that the Nazi ideology is based on a romantic pattern, but this is a thing you cannot say about Polish culture; it wouldn't work out here.

Serhii Czupryna

*Serhii Czupryna (*1996) is a member of the Jewish community in Kraków. He is involved in educational activities fostering dialogue between Jewish and non-Jewish people. He was born in Ukraine and is of Polish-Jewish descent. He has lived in Kraków since 2013. While studying as a kid and later as a university student, he lived in Israel for several years. He studies at the Institute of the Middle and Far East of the Jagiellonian University.*
We met him in the Jewish Community Centre (JCC) in Kraków on January 27th, 2018.

Have you ever experienced anti-Semitism in your life?

Serhii Czupryna: Yes. Living in Israel, I've been to the West Bank many times and I wanted to go to Gaza very much, but that was difficult for an Israeli. In Poland, I've never experienced anti-Semitism as harsh as it might be perceived by people from outside of Poland. The first question many Jews, especially in Israel, ask me when I say I live in Poland and that's where I choose to live, is: "Why? Six million. Why?" But I see Poland not only as a place of historical depreciation of Jewish culture, but as a great place for its revival. I feel very comfortable with being Jewish here, I feel safe to walk around the city with a kippah on my head. I've never seen anybody in Kraków being mean to me just because of the fact that I'm Jewish.

Do you think anti-Semitism is a serious problem in Poland?

Serhii Czupryna: I don't think of it in terms of "the Poles against the Jews and the Jews against the Poles". I see it as a lack of education about Jews, who they are, what they do. I'm very happy to be with a group like you and to answer questions, because dialogue is the first step to understand another culture.

Is anti-Semitism in Kraków more passive than in other cities?

Serhii Czupryna: Maybe it's more passive. I see Kraków as a big, globalised city. In Poland, it's one of the biggest cities. There are many universities here, there are many young people who come here to work for the outsourcing companies. From year to year, I see that this city is becoming more and more international and multicultural. I don't see that hate for any other culture is increasing. That's a good thing, and it's kind of a change that I've seen since I came to Poland. Now, it's not only tourists who come here and see the Old City, go to Auschwitz, and go back home, but there are people who don't even speak Polish, yet they live here, work here, carry out their everyday business here.

Do you think people in Kraków want to know more about Jewish culture?

Serhii Czupryna: Yes. There has been a Jewish Culture Festival annually for twenty-something years. Visiting this event year by year, I see that more and more people are coming. Simply because this event exists, I would say that people are definitely interested in getting to know Jewish culture more.

Are students taught about Jewish culture at school?

Serhii Czupryna: Yes, there is a whole department of Jewish studies at Jagiellonian University, it's both historical and cultural. Academic studies on Jewish culture thrive in the city.

I also know some NGOs who go to schools and educate teachers. It's difficult to teach about the Holocaust, though. It's taught in an inappropriate way, maybe some teachers just go through it or don't even mention this subject. Some will say, "six million people were murdered here during the Holocaust", and then full stop. Many people don't mention that after that there was communism and that in the 60s, many Jews had survived the Holocaust and either stayed or left the country. It's very important to educate about Jews correctly and about the historical context that the Jews are in here. I'm very supportive of those NGOs. I've participated in a few of their events. Also, here in the Centre, there are groups coming from the US or from Israel annually, so this kind of impact on teachers is not only on the Polish side. When Israeli groups come to Kraków, for example, they only see the history, they see the Holocaust, and many groups just go through this building and say: "Ok, this is the Jewish Centre, it's cool that the Jews were here", but they don't see the community in here. So, for two years there has been an annual course for the guides of those groups from the US and Israel and they teach them how to raise more awareness for the existence of this community here.

Would you agree that Polish anti-Semitism operates on a verbal level, mostly? Do you think there's a chance to decrease anti-Semitism just by educating young people, especially in small villages and towns, where they have few possibilities to meet Jews and Jewish culture?

Serhii Czupryna: Exactly. I would say that it's a very important matter because the bigger the city is, the more chances you get to interact with people different from you. But for example, if you're from a small village, you have one school in this village, you have the homogenous society of Poles, you may have certain stereotypes about other people and other nationalities. It's like this: "Everybody hates Jews, I also hate

146

Jews, I don't know why". I definitely see that there's a very high importance of coming to smaller cities or villages to educate people on those matters because very often, nobody even knows that before the war, the whole village was 80% Jewish, while now it's 100% percent Polish. A historian would come and say that there was the house of this and that person, there was a cemetery here and there, but locals don't even know about this.

Education would help to change the verbal level of anti-Semitism. Many people use the word "Jew" in this somewhat pejorative form of "*Żydek*". There are two different words: the person who believes in Judaism and the person who is born Jewish by nationality, and those are both different from "Jew", but the word itself, "Żyd" comes from the three Hebrew letters that are the base of the word "Jehud", which stands for the person who believes in Judaism. When people use the form of the word "Jew" in Polish in a pejorative manner, I explain them "Guys, this is how it works, and stop because it really has nothing to do with this matter." But the level of the verbal anti-Semitism itself is, from what I've noticed, not that harsh in Poland. It definitely exists, but comparing to Ukraine, there is much less verbal anti-Semitism. I've come across this a few times in my life, but I also don't see it as anti-Semitism because people maybe just didn't know what they were saying. Education is the key to change all the negative meanings in our lives and our societies. As soon as we educate ourselves and other people on certain matters, the negative aspect of them definitely go away.

Many history teachers say that students are usually not interested in the lessons about the Holocaust and anti-Semitism. Do you think that it would be a better idea to introduce some practical classes about it, for example going to Auschwitz or visiting a Jewish community?

Serhii Czupryna: I would totally agree with this, but I would not necessarily agree with the fact that high school students are the best audience to go to Auschwitz. I went to Auschwitz for the first time when I was twenty. I realised that I was still not ready for it yet. So, I would not say that visiting Auschwitz is the best way of practical studying about the Holocaust and anti-Semitism, but such things may on the other hand increase the interest of the students.

Do you as a Jewish Community Center organise workshops for students?

Serhii Czupryna: There is an organisation based in Kraków doing a project called "*Alev Bet* of Jewish culture", "the alphabet of Jewish culture". It takes place annually in the autumn or in winter. They educate people on the whole basis of the Jewish culture, explaining the basics of certain traditions and celebrations.

Are you a religious person, do you take part in Jewish celebrations?

Serhii Czupryna: I'm not that religious, but yes, I would definitely say that what I believe in is Judaism. Not the orthodox version of it, but I also live in a kosher home, I don't put lights on on Shabbat, and there are mezuzahs at the entrances to my rooms in the flat. I live with two more religious friends. From time to time, I go to the synagogue.
There is the possibility of being a religious Jew in the city. There are three synagogues functioning more or less full-time. One is the Izaac synagogue, probably it's the biggest in a matter of size, and it's run right now by the movement Chabad-Lubawicz. Their aim is to teach the Jews how to be a Jew and also to teach other people what the Jews are, and educate about Judaism. Their main matter here is education, both to Jews and to non-Jews. They also run religious Jewish Sunday

school. Here, there is a Jewish preschool, where children also get to know more about Judaism, about the tradition, religion, and certain religious celebrations. Three times a day there is a *minyan*, just like in the more orthodox Remah synagogue. The Chabad synagogue is more open for everybody. There is a full-time rabbi from an organisation which is called Szewa Israel, who works for the Chief Rabbi of Poland, Michael Schudrich, and he is a full-time employee of the JCC. He also provides the Thora studies on Shabbat and helps people to convert. There are many different options of being a religious Jew in this city, as well as in other cities in Poland.

Do you speak Yiddish and, in general, how many people do?

Serhii Czupryna: I don't speak Yiddish because of my family's historical background. There is a certain amount of people who live here who speak Yiddish. The more religious, orthodox Americans who chose to live here probably speak Yiddish or at least some variety. Until this summer, we had one of the oldest members of the JCC, Mr Mundek, for whom Yiddish was the first language, so he learnt Polish as a second, not native, language. He spoke perfect Yiddish; unfortunately, he passed away this summer. There are certainly other members of the community who speak Yiddish. In this building, there is an opportunity of having a private course of Yiddish. Besides, they teach Yiddish in the Jewish studies department of the Jagiellonian Univeristy.

What about Hebrew?

Serhii Czupryna: I do speak Hebrew. Right now, I work as a kind of Hebrew native speaker in one company in the city. There is also the possibility of joining a Hebrew course here, it is provided for ten different levels of Hebrew language skills, so there are people who started learning it when the JCC opened in 2008, and they are still in their groups that continued from 2008, almost for ten years. Hebrew is nowadays very popular in Kraków, I'd say.

Are there any orthodox Jews in Kraków?

Serhii Czupryna: Yes, there are many orthodox members of the community in general, and a few orthodox members of the JCC community. First of all, not every orthodox will have a beard, not every orthodox will have a *sztrajmł*, this huge hat. Many young people find themselves feeling much more comfortable in an orthodox movement, they look just like us, you can spot only certain things which show that a person may be orthodox. When it comes to interacting with them in everyday life, you would notice that if you say "Let's eat a sandwich.", this person says "Oh, but I need to wash my hands." And there is the whole ritual, it's complicated, Judaism is complicated.

Last November there was demonstration in Warsaw with sixty thousand people, and hundreds of them were shouting "*Sieg Heil!*" and "Jews out".

Serhii Czupryna: It's the question that I often get from the people who ask me, "why do you chose to live in Poland? You're Jewish, go to Israel". You're talking about the Independence Day demonstration. There were the far-right neo-Nazi movements, and it may be not very safe to interfere with them in Warsaw on the Independence Day. I was there once, I just had to help my friends. I had two friends from Israel visiting me in Kraków, and we came to Warsaw together on November 11th. One of them is of half-Indian, half-Iraqi descent, he was born in Israel, and the second is from Ukraine. The problem was that none of them speaks Polish and one of them looks definitely not Polish. So, I was just afraid of them going to Warsaw by themselves, especially seeing this in the

150

media. But as I came there with them, I realised that as soon as we just don't go any close to the demonstration, which is controlled by police to a certain extent, we're fine, there's no problem with speaking Hebrew in the centre of Warsaw in the evening of the 11th. I would say that it's very important that media show this, but I also see it as just a different opinion as long as it doesn't interfere. They may destroy certain parts of Warsaw, but they don't hurt people. As long as they don't hurt people, I'm fine with it. That's not the majority of Poland. Their ideology is definitely a bad thing, but I see the lack of knowledge about the Jews. One of the main claims was "Jews, go home." Why? Lots of Jews were born here, Poland was pretty much Jewish before the war, so where should we go home to? I can go home to Ukraine, but my ancestor is from Poland. I see both of these countries as my home. So, to which home should I go? And then the conversation goes on, "oh, okay, you were born here, so you're fine, you speak Polish, it's a different thing". No. It's totally the same thing, start educating those people about what is Jewish, who is a Jewish person. Sometimes, I can open their eyes and they say "Okay, I was wrong" or "That's probably the ideology, maybe it's not that perfect, so maybe I should switch to something less far-right." I definitely see that there's lack of education, and what I see as a problem is that the Polish government is not intervening in that situation.

The whole demonstration consisted of 60,000 people. And some hundreds were shouting.

Serhii Czupryna: Yes, it's a small percentage.

But nobody from the sixty thousand cared about it. Normally, you would throw these people out of your demonstration.

Serhii Czupryna: Yes, that's also an organisational problem.

What I dislike more about those marches on 11th of November is that each year, there was a symbolical burning of the statue of a rainbow on one of the squares, which stood for diversity and tolerance. If it was removed, so that it's not going to be burnt annually, that would also be a good step, first of all not to symbolise the intolerance while celebrating the pride of being Polish. I cannot call it patriotism; I call it nationalism. But certain people go there to celebrate patriotism, certain people go there to celebrate nationalism. That's the problem that maybe the organisers of those marches face.

Do you think that teenagers are more anti-Semitic than older people because they frequently use the internet and see a lot of hate directed against Jews?

Serhii Czupryna: I think that the middle-aged group is the most anti-Semitic of all age groups. What I like about the globalisation is that if you've seen a lot of hate on the internet, you can just google certain things that may disprove this hate, and I see the availability of the information for teenagers as a very good thing. I would definitely not say that teenagers may be more anti-Semitic just because they see some propaganda on the internet or in the media. Now, in my generation, I'm twenty-one, it's always like "Okay, I would look for this, but also I want to find the arguments from the other side". I would say that a lot of people would choose the peaceful version of perceiving some other minority, not the hateful one, and they would probably want to learn more about the conflict.

Do you think that the problem of anti-Semitism will grow in the future?

Serhii Czupryna: It's an interesting thing. It would definitely depend on the region. I would say that in Poland not because from what I see right now, non-Jewish Poles are getting really interested in the culture, and they start understanding the influence of Jewish culture on Polish culture. Maybe in countries like France and Great Britain, which are more globalised, anti-Semitism may grow because of a negative change in the society, connected to other negative factors that are happening with the society. As the country struggles with certain things, there is a possibility for other negative factors to increase. But the world learnt through the Second World War that anti-Semitism was the depreciation of a certain national minority, and they learnt from the Holocaust that it happened once, so let's not allow it to happen again to any group, not only the Jews.

There is a new law in Poland called the law for protection of the good name of Poland. What do you think about this law?

Serhii Czupryna: I disagree with many laws that the current government brings on, not only this one. From the patriotic side, this matter actually stands in line of the tension between patriotism and nationalism of the current government. It's a really hard topic: Auschwitz, the relations between Israel and Poland. I think that as soon as the government changes, it's going to be fine. I don't think that it will drastically change the relations between Israel and Poland because diplomatic relations have been built up for a long time, with a lot of effort, so I don't think that one law like this will change a lot.

According to Jan Gross and his book "Fear", in Poland solidarity with the Jews during the Second World War was not a mainstream thing. In France, people were celebrating themselves because they helped Jews, and in Poland, many people are ashamed and they don't want to be mentioned publicly. Is that right?

Serhii Czupryna: The whole matter of helping Jews during the Second World War is a very touchy subject because many people say "Oh, Poland is this death camp where everything happened." No, it's not. It's just because of the fact that Jews were living here, and it was the easiest way from the Nazi point of view to make it all happen here. Helping the Jews during the war, you could have got a death penalty, you and your whole family. And probably this fear still remains in certain people. When Israelis ask me "Why do you live in Poland? Most of it happened in Poland.", the other side is that also the biggest number of Righteous Among the Nations live in Poland, they are Polish, and they are proud of it, and they celebrate helping the Jews in Poland during the war.

Have you experienced any anti-Semitic acts from Muslims when you were in Israel?

Serhii Czupryna: Actually, no. I felt very safe living in Israel. It's just a fact that the country exists in the region where it has to be militarized to a certain extent, just to exist. In Poland, you would feel weird if you went on a bus and there was a soldier with a gun. In Israel, it's a totally different thing. I feel safer when I see a soldier with a gun, just a normal servant who is of my age and who just has to do the service for his country. I have many Palestinian friends, certainly some of them are Muslims, and I've never experienced any negative acts from their side. Also in Poland, I have many Muslim friends, and I get along with them very well just because of some common things between our cultures and religious beliefs.

How do Polish people behave towards you? Are they curious about your culture and religion? Or are they intolerant and reserved?

Serhii Czupryna: They're definitely interested. It's interesting to see how people who are not even friends are interested in the fact that I'm a Jew and my friend is a Muslim. How come that we sit at the same table? We explain and say that it's just a religion. Why should we sit at separate tables or not even go to the same café? There is a certain amount of curiosity. People may see me coming from the synagogue with a kipah, and my Muslim friend in hijab, and we're just coming across the same street, stopping to say hello to each other. Seeing the face of these people with certain stereotypes that they may have about our cultures, and seeing us destroying those stereotypes – it's really pleasant and funny.

You said that people in Israel are always surprised when you are saying that you chose to live in Poland? Why do you think they are?

Serhii Czupryna: I would say because of history and because of stereotypes. The biggest after-war influx of Polish Jews to Israel was in the 60s and in '68. That generation already has kids and grand-children, and probably a lot of them have never been to Poland except for Auschwitz. They think "My family survived the Holocaust, then they were kicked out of Poland." This is the vision that they have had about Poland since their childhood, from their parents and grandparents. I love bringing my Israeli friends to Poland to show them that this country is not black and white, it's a country which has many beautiful sites they definitely should visit. I like to see those people being shocked when we talk Hebrew in public and everybody is fine with it. It's also a matter of education, destroying the stereotypes.

Often tourists from Israel are isolated by bodyguards. They only go to Auschwitz, they don't integrate with other people, so they can't even get to know Polish culture.

Serhii Czupryna: It's true. Most tours from Israel are organised with the help of certain ministries, the Ministry of Education or the Ministry of Foreign Affairs. They should have bodyguards, it's fine. The problem comes when these groups go to synagogues. Can you imagine? You have to go on a school trip to Italy, and even if you're not religious, you go with bodyguards to the Sunday mass, and you're supposed to spend the whole time in there. Still, when those groups come to the synagogues, it's one of the small windows for them to interact with the local community because technically, we also go to the same synagogues. Often when I try to enter the synagogue, I'm stopped and asked by Israeli bodyguards "Wait! Stay here. Where are you going?" Obviously, I have a kippah on my head. "Come on, why should a Jewish person go to synagogue on Friday?" I've noticed that the same bodyguards come with different groups. After a few situations like these, they start to remember your face and then say "*Shabat shalom, shalom*". Certain Israeli teachers, if you get to interact with them, they start saying "Okay, oh, so you live here? You're Jewish? Fine. Maybe we can make some meeting of our group with you?" It just needs some time to develop and also to explain to the Israeli teens that Poland is not black and white, as on a picture from the war, people here are smiling, it's not bad to talk to them, and you don't have to have bodyguards when coming here.

In most of the classes, there are sixteen or seventeen-year-olds, and when they come to Poland, they visit two extermination camps a day. Of course, it's too much.

Serhii Czupryna: It's tricky because in the present situation in Israel, both political and military, I see that this propaganda is needed, the propaganda of "Let's not let other people to destroy Jewish nation." But it's done inappropriately in the case of Poland because instead of having this feeling that "Yes, we need to stay together as a nation, we should not fight between each other and keep everything as peaceful as possible.", those children probably learn about the fact that all the killings took

156

place in Poland, and that's the only thing they know about Poland. That is a problem, it's inappropriate propaganda. But still, I see the need. I hope that Israel will come up with a change one day.

Dr Piotr Setkiewicz

*Piotr Setkiewicz (born in 1963) is the director of the Centre for
Research at the Auschwitz-Birkenau State Museum. He graduated from the Faculty of History at the Jagiellonian University
in Kraków. Mr. Setkiewicz received his doctorate in 1999 at
the University of Silesia in Katowice with a thesis entitled "IG
Farben - Werk Auschwitz 1941-1945". He is the editor-in-chief
of the scientific publication The Auschwitz Journals (Zeszyty
Oświęcimskie) as the head historian at the Auschwitz Museum.
We met him at Auschwitz Museum and Memorial on January
27th, 2018.*

**Have you had any first-hand or second-hand experi-
ence with anti-Semitism over the course of your life?**

Piotr Setkiewicz: Over the course of my life? Always,
almost every day. Just yesterday, I was called by a man who
is anti-Semitic, who is denying the truth. He said that I can
be blamed for all mistakes and all the false information that
appears in the media about the Holocaust. He said that
I'm supporting the fake version of history which is based on
Jewish, Polish, and communist lies about the Holocaust, that
we at the museum here are promoting the survivors who are
lying, that we falsified the documents in my archive, and
that we are taking money from Jews in Israeli shekels. Many
such things. Many people in different countries, not only
in Germany, but also in the United States, practically all
over Europe, including Poland, surprisingly, try to persuade
everyone that the Holocaust never happened. They say that
Auschwitz or at least the most important objects here, like
the crematoria and the gas chambers, were built only after
the war, and that the gas chambers were actually used for

158

delousing purposes, for disinfection.

My reaction usually is that I don't want to be involved in any discussion with Nazis because as far as I know from my own experience, it's just a waste of my time, and the arguments always stay the same - for instance, that conditions in Auschwitz were relatively good, that it was necessary to isolate the enemies of the *Reich* because it was a war and that, of course, sometimes it might have happened that somebody died here. According to them, the number of one million people who were murdered in Auschwitzof is highly exaggerated because the capacity of the crematoria was many times lower than we read in documents.

Even some strange and surprising arguments are brought up in the discussions: For instance, there is a picture taken by somebody from the staff of *IG Farben* works. *IG Farben* was a huge factory of synthetic rubber; it was situated on the other side of the city. During the war, many thousand prisoners worked at the construction site there. Apart from the prisoners, there was German staff, men and women, about 7,000 people, and they resided in the *Siedlung*, the settlement. They lived somewhat apart from the concentration camp and they had a sports club. There is a picture of two people who are fencing and there is a group of people in the background of the picture, and over them, there is an inscription, the name of the sports club in German, *IG Auschwitz*. Now, the Nazis believe that this is a typical representation of the living conditions in Auschwitz, that the people in the picture are prisoners.

Other than that, one of the most important arguments is the presence of the swimming pool in Auschwitz, which is visible just behind us. We know that it was one of many water tanks for the fire brigade. In 1944, the Allies began to fly over Auschwitz and the SS suspected the threat of mass bombings and a fire, particularly in Auschwitz-Birkenau, so they built a number of such reserves of water for the camp fire brigade. Surprisingly enough, in Auschwitz, some of the prisoners - functionaries, the kapos or block overseers, mostly the German habitual criminal prisoners - organised something like a competitive swimming in this pool, as we know from the testimonies of survivors and from a fan who was taking pictures. Nevertheless, there was a difference between the situation of the functionary prisoners and the fate of regular prisoners at the concentration camp.

As I said, there a many such arguments, and many stupid discussions. The most difficult and rather new problem is the huge amount of articles, comments, and entries on the Internet. On the Internet, you can write anything and there are plenty of web pages explaining that Auschwitz never happened. The problem is that recently, we are faced with more and more Holocaust deniers in Poland. For me, this was something I could not believe because many Poles lost their lives in Auschwitz, not only Polish Jews, and the knowledge about the German crimes in Auschwitz was obvious for everyone in Poland, for many years after the war. Now, I am afraid that there is a third generation of people who have no personal experience. They probably heard, "my great-grandfather was in Auschwitz", but the distance to history is too long. Just a few days ago, the Polish television showed a ceremony of the anniversary of Adolf Hitler's birthday on 20 April, by a group of Neo-Nazis meeting in the forest somewhere in Silesia. They were celebrating the anniversary, they had the *Wehrmacht* uniforms, they baked a cake for the *Führer* with the swastika.

Perhaps that is still marginal in Poland. But these views are shared by the people who recently protested against immigrants, against attempts from the European Union to persuade the Polish government to accept a certain amount of people from Syria and other countries. It's still not the same as with the Nazis, however, within the relatively large group of Poles who don't want to even hear about immigrants

160

from Arab countries, there is a narrow margin of people, particularly young people – I'd say 20-25 years old, football fans, maybe - who try to link their anti-immigrant views to Nazi ideology. Here in the Museum, we encounter such people only very rarely. It's not a problem for us, but we fear that one day, we might be faced with a group of people with Nazi insignia wishing to visit the Museum - what to do then?

It's a good reason for us to do our work, to publish books, for example. I don't want to be involved in any sort of direct discussions with Nazis, but we are providing arguments for many teachers, arming them with documents. German documents, I'd say, are more useful in discussions between students and teachers, because if we gather the testimony of a survivor, it's easier for a denier to say: "Well, it's just nonsense what this man is talking about". For example, a few weeks ago I read a critical review of a book written by a survivor on the Internet. The survivor wrote a book with about 300 pages about his experience in Auschwitz. This is basically a good testimony. There are many survivors that are simply trying to tell us their stories. Nevertheless, there are unfortunately some people who believe that they should add something to their stories. For instance, if they were in Auschwitz, they testify about certain happenings that took place in Birkenau. I understand that something like this might happen, that particularly the survivors who used to take part in memorial ceremonies and to meet with schoolchildren, being asked about the war experience, wish to say "I was in Auschwitz, I saw everything."

Going back to this book: Although on one side he was generally credible, at one point in his book he said that he remembers that there was a small room in one of the barracks where the Germans, the capos, collected the bodies of those prisoners who died during the nights, and that it was only after three of four days when they collected the bodies and put them in a truck, and the truck was taking the bodies to the crematoria to be burned.

The author of this article on the Internet made use of the fact that arguments like that are obviously not true because he found a German document in which the commander of Birkenau ordered to remove the bodies every day. For him, this is an obvious argument that this man was lying, and if he was lying on this particular point, on this particular page of the 300-pages book, probably the remaining 300 pages are also not credible.

Another category of sources, of course, are the testimonies by the guards themselves. They testified before the military tribunals of the Allied powers in West Germany, immediately after the war before the Polish courts, and then in Germany in the Frankfurt trials, and in many other locations. At least some of them accepted their guilt and admitted: "Yes, I saw the people being selected on the ramp. I saw the people being driven to the gas chambers, I saw the thousands of bodies and the smoke over the chimneys of crematoria." So, what is an argument of deniers against it? That they were forced to testify in this way, beaten by the guards, by British, Polish, communist, Jewish guards. That was why they had to give these false descriptions.

Then there is the last category - the German documents: The problem is that most of the German files from the chancelleries, from the office administration of Auschwitz, were burned immediately before the final evacuation of the camp. If you take any testimony of a survivor who was here in January '45, you can usually find information like: "I saw the piles of papers, of documents on the crossroads of the camp being burned by the guards." And that's true. We've got a very small amount of original documents from the German administration, but a relatively large amount of documents from the German construction office, the *Bauleitung*, probably because that was a separate unit of the SS-administration. It was situated in several barracks at a distance of about

300 metres from here, not inside the camp. For some reason, when the SS escaped from Auschwitz, they just forgot to burn these files.

If you take into account all these surviving documents, these plans and construction files of the central construction office of the SS, they are good material for historical research. The amount is about 150,000 pages of documents and they are a very valuable source, which is very useful for our indirect discussions with these deniers. There is, for instance, a well-known author, who wrote a number of books, and in one of them, he tried to summarise the most important arguments of the deniers. One of them was about the first temporary gas chambers in Birkenau called "the little red house" and "the little white house". The ruins of little white house are still in Birkenau, but nevertheless, he said that it's impossible that in so many surviving documents there is not any hint about these temporary gas chambers.

His argument is as follows: if something like that existed in Birkenau, then it must have been in the records of the trips of the trucks, especially for delivering bricks and other construction materials to the site of these gas chambers. There must be something, information about the bills, about the amount of money spent for the construction of the gas chambers – but there is nothing. Thus he tried to persuade his readers. But in fact, we have found seven documents that clearly indicate that these gas chambers existed. One of them costed 14,000 *Reichsmark*, for instance, and the SS ordered three wooden barracks for each of these gas chambers, which were used as a temporary store of clothes of the victims. Each of these barracks costed about 17,000 Reichsmark. They were removed from the area in the moment when the Germans completed larger and more modern crematories in Birkenau. We have found requests from the Bauleitung asking for the remaining wooden barracks because they might be used for some other purpose in the camp. And we've got

the information that there is a need to send 500 prisoners on
a day to dig trenches around the bunkers. That was because
one day in July 1942, Heinrich Himmler, during his visit in
Auschwitz, ordered to empty the old mass graves and burn
the bodies on piles of woods.

What do you think makes people want to deny the fact of Auschwitz?

Piotr Setkiewicz: There are many reasons. Perhaps some
of them believe that the government in Germany in the 30s
was ideal because everyone knew his place in the society - but
now, what do we see around us? The politicians, thinking only
about how to gain more money, are no true patriots. And the
Führer, he was a man who solved the problem of the economic
crisis in Germany. He built the highways. He restored the
pride of the German nation. These might be the arguments of
the German deniers.

In other countries, I think, the reason is mainly anti-Semitism.
The Holocaust is identified by most Jewish historians as a
marking point in Jewish history and in the history of the modern nation. And for those people who are anti-Semitic, who
don't like the modern state of Israel, Auschwitz is a key issue
just as well. There is the famous quotation from an interview
with David Irving, the leading British denier, who said: "If we
sunk the battleship of Auschwitz, it would solve all the problems of the 20th century's history". Auschwitz is a focus, the
most important part of the story. "If we were able to prove
that Auschwitz never happened, it would be easier to destroy
the myth of six million of Jewish victims."

How has the number of Holocaust deniers developed over the last twenty-five years?

Piotr Setkiewicz: Immediately after the war, it was the

group of the German veterans mostly, particularly from the unions of the SS, who were deniers. There was a number of guards from Auschwitz who took part in ceremonies where they solemnly declared that they were in Auschwitz, but never heard about any gas chambers or crematoria. That was the first wave of denial. Then in the 60s, there was a rise of interest in the Holocaust. On the one hand, we've got the trial of Eichmann in Jerusalem, and on the other hand, a few years later, a series of so-called Auschwitz trials in Frankfurt. It was the time of the student's rebellion in Europe, the leftists began to be interested in the history of their own country. In the leftist press, the pictures of leading Nazis who were still living in Germany appeared. The headlines were as follows: "The assassins, the killers are still among us." There was this popular belief of the leftist people that something must be done in order to cope with our past and to punish the people who, in many cases, continued their pre-war career after the war.

All those with a Nazi past whom the judges prosecuted – the technicians, engineers from the companies like *IG Farben* – were renowned chemists and board directors in different companies in Germany. The young people at this time thought that something should be done with this problem of the history of their grandparents. If you observe the rise of interest in the Holocaust, it was a "natural" reaction from the side of the right-wing radicals to deny the Holocaust.

Then in the 70s, there were some financial problems, some newspapers and journals published by the Nazi organisations disappeared. Nowadays, I believe, we can observe another wave of Holocaust denial – perhaps because of the Internet. If in the 70s, there was a problem with publishing the journals, then now, in the era of the Internet, its costs almost nothing. It is perhaps also a reaction to the idea of a united Europe. As for Brussels, we should think of ourselves as Europeans, to a certain extent, not only as Poles, Czechs, etc., but also members of a European family, who share the same values and the same budget. So, there is a reaction of the people who don't like this concept of a united Europe, who think: "Primarily, we are Poles. And we don't want to be governed from Brussels, we got our own government, our own Polish Złoty, our own history." Of course, with the problem of immigrants and the terrorist attacks in other countries, among Poles there is a tendency to talk about it in this way. "Because our friends – England, Germany – accepted many thousand Arab refugees, and among them, there are of course terrorists, they got a problem. We don't want to have any refugees on the Polish soil, so that we haven't got the terrorist attacks and bombs in Polish cities."

How is this related to anti-Semitism?

Piotr Setkiewicz: If you believe that we are the better ones, that our values are better because we are Christians, or Europeans, it's just one step to disliking the Jews because the Jews, "they got too much money, they control the world bank system, they are primarily leftists and promote leftist values, and because we are nationalist to a certain extent, we don't like to accept these foreign values. There is Mr Soros, who is a Jewish billionaire, and who is supporting the leftist organisations in Poland – we don't like him because he is leftist, and because he is Jewish."
Nevertheless, Auschwitz is still present somewhere in the background of such discussions as a good illustration of what might happen if we forget about these universal values. When we see the strangers not only as the other people, but also as the representatives of the black forces of international conspiracies. And then it's very easy to cross the line, to be on the dark side of the force. There is the question of reactions to the Nazism of German society in the 30s, here in the camp, the reaction of people who were not Germans, but who accepted the posts of *Blockältester*, the Kapos – many Poles and even

166

Jews here in Auschwitz, who received a stick and tried to exercise force over prisoners, to beat them. As the prisoners could not work with efficiency, the stick was the best argument.
These were symbols and pieces of history that might have been used in discussions about the condition of the modern world and the societies here. What should we do when we hear about atrocities, like a genocide in other countries? Is it possible to do such a thing? We heard about the massacres in Syria, or in Iraq, or in Sudan. What should we do? There's not a single good answer for it. But if we look at ongoing discussions about human rights, for instance about the need to combat racism in many countries, Auschwitz is always somewhere, it's being used as a symbol, as a turning point, as a milestone in such discussions.

Do you think that Holocaust denial is the most dangerous form of anti-Semitism nowadays?

Piotr Setkiewicz: It is a part of the ideology - important, but not the only one. Of course, anti-Semitism is something much wider, it's the popular belief that the Jews are controlling the world economy, or that the governments are under the constant pressure from the national Jewish organisations. Holocaust denial is a very important part of this ideology because anti-Semites believe that Jews are using the Holocaust as an argument to defend themselves, to blame other nations, or because they wish to control the market in countries like Poland, to get back their property that was confiscated during the war by the Nazis and which was taken over by the Communist government in these countries. That's a good illustration of the situation in Poland.
Taken altogether, "the Jews are members of the world conspiracy, and they are trying to use the argument of the Holocaust in their propaganda. We are poor guys who were persecuted over centuries and it's virtually impossible that we can represent a threat for the others. We were the victims, not the

oppressors. So if we, the deniers, could refute this argument that the Holocaust happened, it would be much easier to preserve our arguments against Jews."

I believe that with my archive and the museum, I'm probably able to persuade the most stupid denier that Auschwitz happened. It would require some work and some time, but nevertheless, it's possible. I believe that we have enough arguments and documents. The problem is that of course, there is nothing like the one single document, the order written by Hitler saying "Today, I decided to solve the Jewish problem in Europe and to kill all Jews. Adolf Hitler." Such a document does not exist. But after carefully analysing, say, 200 documents, even the most stupid denier would be persuaded by the force of the arguments.

Dr Sonia Ruszkowska

Sonia Ruszkowska has been an educator at the POLIN Museum of the History of Polish Jews since 2013. She has participated in the educational program of the main exhibition from the beginning. Mrs. Ruszkowska is responsible for the educational programme of the museum directed at schools. She is specialised in drama theatre workshops and anti-discriminatory education with a special focus on civil rights and the fight against anti-Semitism. Her educational programmes are mainly aimed at children, youth, and teachers.
She studied philosophy and wrote her doctoral thesis about the Holocaust, the death in the gas chambers, and the possibility of bringing back subjectivity for victims of the mass deaths. Before she started her work at the museum, she worked as a schoolteacher for philosophy and ethics and participated in the organization "Forum for Dialogue", which conducts projects with school children in different towns and cities in Poland, raising awareness about their Jewish history. We met her at POLIN Museum on January 29th, 2018.

You told us about "Forum for Dialogue". Is it only devoted to small towns and villages in Poland or also to bigger cities? As an educator, do you see a greater need of educating in smaller towns?

Sonia Ruszkowska: There are programmes of "Forum for Dialogue" in bigger cities like Białystok or Warsaw, but generally the project is run in smaller towns. I think the need is the same in smaller and bigger cities, but in bigger cities there are more educational programmes available for students.
These kinds of programme are very necessary because kids do not know the Jewish history of their towns at all, they have

no idea that Jews were living there. If they know, they don't know what it means because they know nothing about Jewish culture. But they are very interested. If we go there and start talking about the topic, they are really interested.
In their homes, many times they encounter very anti-Semitic perspectives, so it's harder for them to really go beyond that if they never meet somebody for whom Jews are positively connoted.

Where do these anti-Semitic attitudes come? Are the parents anti-Semitic because their parents were anti-Semitic?

Sonia Ruszkowska: That's a big topic. We know from history that anti-Semitism comes for example from the Christian-Jewish relationship, but also from economic rivalry. We show that in our exhibition. From an individual perspective, I meet mostly pupils and they say, for example "My grandma heard that there's a Jewish workshop in the museum and she told me not to bring my wallet." This kid was laughing, like, "oh, what is grandma saying", so this is already okay, because he trusted us, assuming that we are Jewish if we make the Jewish workshops. This is not the case for me, for example, but there is this assumption. They hear it at home, from their grandparents and parents. Very small children, who do not really think in a conscious way, have very bad assumptions about the word "Jew". At the beginning of the workshop in the Museum, I normally ask them "What does it mean that somebody is a Jew, what does this word mean?". Many times they said "Oh, a Jew is a person who does not want to share with others".
In Polish, it's "skąpiec", "greedy". I always ask myself "How does this six-year-old child know these stereotypes already?". This is in the language, for example the Polish verb "żydzić", which comes from "Żyd", "Jew", and means "being stingy". So it's basically the language that gives them these stereotypes, but I also have the impression that generally, in Polish soci-

ety, there is a very bad association with Jewish culture, with Jews. Of course, there are always people who are fascinated by Jewish culture.

How we can fight these stereotypes in your opinion?

Sonia Ruszkowska: In my workshops, I use a method called Nonviolent Communication (NVC). I try to give empathy to a person and not to judge this person, like: "You're stupid, you're anti-Semitic, how can you say these things?" I try to understand why this person is saying this. Mostly, people want to feel safe in the end. If they don't know something, they have this association of danger, for example, that their values are in a way endangered. So I try to understand this person, what this person is saying, and then convert it into a language of needs — what does this person need? Then, when this person really feels that I'm listening to him or her and is calm, I can say how it is for me. I can say that I know many Jews, many of them are my friends and I would like people to respect them. Of course, I can also say that some Jews can do negative things as everybody else, but generally, for me the respect is important. I can say that I wrote a book about the Holocaust and know many testimonies, so it's really important for me not to make jokes about the Holocaust. So, I try to make it personal.

Another thing is that people need knowledge because they don't know many things and have only some images. For example, this topic that is always coming back that Poles were so great for Jews during the war and how Jews could say that Poles were murdering Jews. If people do not know that before the war there was a lot of discrimination against Jews in Poland and a lot of tension, they will never understand why Poles reacted the way they did during the war, why these tensions were even greater because of the occupation. If people learn things and understand things, they are more open.

Another thing: I believe in meetings. If people have only images and they have never seen any Jewish person, they have really only an image. So, Israeli-Polish meetings for example, even if they last only for one hour, can really change something. What we do here is that we want to give a positive association with Jews and the Jewish culture. Not like "Jews means only Holocaust and Antisemitism – everything which is negative or difficult", but also to show life, to show joy in Jewish culture, tradition and all these positive things. We want to show both.

How common are anti-Semitic stereotypes in Poland?

Sonia Ruszkowska: I think everybody knows them. Every little child knows this anti-Semitic perspective, somehow. I'm not saying that children consciously think like this. Not everybody says that they are true of course, but the knowledge is common. I think in smaller towns, many people really think this way, also because of the trauma after the war. In many little towns, people live in "post-Jewish houses". It is too hard for them to really confront themselves with this story, to really work with it. It's easier to forget about this, but this conflict stays. It always makes you frustrated, so anti-Semitism is maybe the way to express this frustration against Jews.
I think anti-Semitic stereotypes exist, but it's not necessarily the case that when Jews are in the public space in Poland, there would be some act of violence against them. It is more about saying to other people that Jews are for example greedy. In big cities, there are some small communities that are fascinated by Jewish culture. There are people coming to our museum for every festival, every concert, or event. Many of them are well-educated or interested in culture in a general way. There are also people who just don't care about Jews or Jewish culture.

You said that pupils do not know much about Jews. Is that part of the compulsory education?

Sonia Ruszkowska: You can teach something in school, but children do not know everything that's in their books. It's only a small part of the curriculum and it depends on the teacher. Of course, there are teachers who are interested in the Jewish history. It is possible to talk a lot about this history during lessons, but if you don't want to, you can do only one lesson about this. Then there is the Holocaust. The Holocaust is really present, but you can also teach it in different ways: is it about this Polish heroism or is it more about the Holocaust? Mostly, I think, Jewish history in the school programme is connected to war. It creates such an image: there are no Jewish people, then we see, out of the blue, there are many of them, and then they are murdered. That is basically the image that children have after school education. Now there is also a lot of Islamophobia in Poland. These two things are combined If I ask children about Jews, they often say that the book of the Jews is the Quran and that Jews are Muslims. Really, it's very common now. The Jew is the alien, now the Muslim is an alien, so Jews are Muslims.

During the Holocaust, there were Polish people who were helping Jews to survive. You can read a lot about that and there are whole exhibitions in the museums about that. But there were also collaborators, Polish collaborators. Is this also well-known? Is it easy to do research on that topic?

Sonia Ruszkowska: It's a very interesting story because there are many scientific books about it. If you want to know about it, it's no problem. But no, people don't know about this. Students don't know about it at all. We have the workshop about Jewish-Polish relationships during the war, I made a film with material from the USC Shoah Foundation Archives, and there are people talking about their deportation to ghettos. They told about the reaction of Poles during these deportations, when they were entering the ghetto. They said that people were laughing, people were doing bad things to them, they were cruel.

We show this short film to students and they are always shocked. They had no idea. Of course, it's not that every Pole during the war was doing such things. There were many Poles that were sad and full of compassion during the deportations of Jews to the ghettos. But there were many people reacting with cruelty.

In fact, I think I realized that only during my studies. Nobody ever told me about this in my whole school education. Personally, I remember this moment of realization very well and I felt that they lied to me all my life. I finished school in Warsaw, humanistic classes, and nobody ever told me about this. Especially in primary school, it was always "Poles — the heroes, great". Then I discovered it's not true, it's a lot more complicated. This positive image of Polish people is everywhere and the truth is not so beautiful. It's kind of hidden in the consciousness of society, but the knowledge is really there, if you want to see it.

Do you think the government wants everybody to think that the Poles have helped the Jews, but no Poles have helped the Nazis kill the Jews? Is it difficult to do research in that direction? Does the government control what is shown in the museums?

Sonia Ruszkowska: Yes, I think so. I think there is such a danger because people who do research need grants and the government has influence on who will receive these grants. There is always this question how much the researchers will be dependent, which university will get more money, which less, and so on. It's never really objective, there's always some interest in there.

Why do you think normal people don't want to admit that Poles didn't help enough?

174

Sonia Ruszkowska: It's not nice to see yourself like this.

But why do you see yourself immediately as one of them? It's just a fact, nothing personal.

Sonia Ruszkowska: It is personal because they identify with a nation. You want to have the good image of your nation. So many people say: "It's not true that Poles were not helping enough, only Jews say this."
There is a good book about this by Grzegorz Niziołek, "Polski Teatr Zagłady"[28]. It's about the theatre spectacles about the war that were made just after the war. He writes from a psychoanalytical point of view. He claims that the bystander position is very difficult because it's somebody who sees what is happening, who feels guilty that he or she didn't do anything, and who is afraid because he thinks, "I can be the next one". He's also happy that it's not him who was killed and then he feels guilty because of this joy. There are many emotional layers. It's a very difficult position. There is a big, big guilt. The situation is not black and white. With Jews and Germans, it's somehow black and white. Germans started the war, they were murderers and Jews were victims. Poles are kind of in between. They are victims, but they are also murderers and they are bystanders.
The second thing is that many Jews have also no true idea about the Polish history of the war. Many of them never heard about the Warsaw uprising, for example, and about the fact that Poles were actually fighting against Germans, that so many Poles – non-Jewish Poles – were killed. These two narrations about the war (Polish and Jewish) are so different and neither of them is entirely true. I think the truth is very complex, it's not at all black and white. Poles want to see themselves as total heroes, totally purified people who only helped Jews. Jews often think that Poles didn't help them,

---

[28]"The Polish Theatre of the Holocaust"

that they were perpetrators. I think the truth is somewhere in between, but somehow people prefer to have a clear image. Why do people simplify the truth? That's a philosophical question, it's very interesting. Psychologists say that ambivalence is the most difficult feeling or state of mind. We prefer clarity.

I can say from the perspective of a teacher that in Polish education, there is still not enough time to teach about everything in detail. If you've only got several hours to devote to the Holocaust, you would prefer to talk about "good Poles", not about "bad ones". Probably, that's why students are not well educated about the bad sides of Poles. Do you agree that it might get uncomfortable for teachers because of the lack of time and the comfort?

Sonia Ruszkowska: I don't really agree, it's an excuse. I think it's just a difficult topic. Teachers maybe do not feel really prepared to teach about it because they would have to really think about it personally, make peace with it in themselves. It took me many years to really dig in and to really feel acceptance with this topic. It's a difficult topic and teachers also need education about it. In the museum we make many workshops for teachers about the Holocaust. If you have only one hour to teach about the Holocaust, maybe you could devote half an hour to tell about Polish heroism and half an hour to tell about Poles murdering Jews.

As you said, it's a good excuse. I wouldn't like to do it. I would avoid being accused by parents of my students that I said something about bad Polish people during the war.

Sonia Ruszkowska: Yes, of course. We in the museum are in a privileged position in this respect because we don't have contact with children's parents. Sometimes teachers also say that we show too much of Poles' "bad side". So, we always try to say that it's only one perspective and that there is also different one. But I think that children will hear about this positive side of Poles anyway, about the Righteous among the Nations, it's a hundred percent certain. I would prefer to say other things which they might not know about.

What would you say about the development of anti-Semitism? Does is get less because people become more educated or does it get stronger because the Holocaust happened seventy years ago?

Sonia Ruszkowska: I think there is a possibility that anti-Semitism will grow because if there is more Islamophobia and homophobia and all this kind of attitudes, it is always connected with anti-Semitism. I don't know why, but it happens. I think it will grow. Besides, anti-Semitism is now mixed with anti-Israeli reactions. This is also very complex topic. The situation in Israel will not be very calm in the near future, I fear, so it will also not be the element that can help. I don't see anything on a big scale that would really help.

At what age, do you think, can we tell a child about the Holocaust and how can you start telling these things?

Sonia Ruszkowska: In the museum, we start these workshops in fourth class, so the kids are around ten years old, and we do it with literature, not with images. I think it's more about the question of how to teach it, not if we teach it. I had an interesting discussion about this with friends from Israel, and they said "We teach about the Holocaust very early, very little children." In Israel, there are a many institutionally organised days about the Holocaust during the school year, so these children will hear about it anyway. It's only the question if they do it in an appropriate way and prepare them for it.

I think in Poland it's a bit the same. If you walk around in Warsaw, for example, every few metres there's a plaque saying something like "Here, fifteen people were shot by Germans." So you cannot really avoid the memory of war, it's really everywhere. Children know it very early, probably earlier than in other countries, so I think it's okay to teach them, but in a wise way, not with images of naked corpses or other horror things. Even if they say they want to see it. In fact, whenever we go to the interwar period gallery with small children, they say "Oh, we want to go to the war, we want to go to the war!" We say "No, you will do it when you're older." They react:"No, we want now, we want to see it!" It's like a computer war game for them. Of course, they don't understand what the Second World War really was.

I think it should be a process. First you talk about values and tell children about individual stories. Then there are more and more details. I think, for example, that you should only take people to Auschwitz at the end of high school. For me, you shouldn't talk too early about gas chambers and the mass death. It's so horrible that people should be prepared for it to really understand it.

Dr hab. Michał Bilewicz, Prof. UW

*Michał Bilewicz (*1980) is a professor at the Faculty of Psychology of the University of Warsaw, where he works since 2008.*
He studied sociology and philosophy in Warsaw between 1999 and 2003. His Ph.D. thesis, completed in 2007, carries the title "Between self-verification and social identity processes: Social psychology of threatened ingroup status". He has worked in New York and Delaware, U.S., and in Jena, Germany.
His research interests, among others, are conspiracy theories, prejudices, intergroup conflict, the threat of positive social identity and dehumanization, mainly on the example of xenophobia, anti-Semitism and ethnic conflicts, reconciliation mechanisms after genocides, and the influence of cognitive mechanisms and public language on the exclusion of minorities. He is vice president of Forum for Dialogue, an organization dedicated to inspiring new connections between contemporary Poland and the Jewish people.
The interview took place in the Faculty of Psychology of the University of Warsaw on January 30th, 2018.

Michał Bilewicz: You're probably fully aware that you're coming to Poland in a very special time in terms of politics. This topic that you want to explore is actually a very big issue and a very sensitive one in the Polish-Israeli-Jewish relations. I'm doing many collaborative projects with Germany and we're doing a lot of research exactly on the topic that you are working on, for example with Roland Imhoff, who is professor at the University of Mainz, and similar projects with another grant that we're doing with the University in Leipzig, with Immo Fritsche, so there are several researchers who are doing research very similar to mine. We're collaborating, looking at

how Germans, Israelis and Poles are viewing the history of the
Holocaust, how they view the responsibility and the reasons,
for example, we're looking at explanations of how it was possible that the Holocaust happened. Through representative
surveys with big samples in the three countries, we found that
in Poland and in Israel, people explain the Holocaust in a very
similar way: They would say that the reason for the Holocaust
was German anti-Semitism and the German culture of obedi-
ence. In Germany, most people would say that it was rather
because of the economic crisis, because of social circumstances
that Hitler seized power, and this is why the Holocaust took
place. They're looking more at the social circumstances rather
than national character.

his is a typical pattern, actually, that everybody, every nation
wants to look on its own misdeeds as caused by circumstances
and by social factors, while own glories and own victories are
seen as rather caused by our personality. It's just the opposite
if you're talking about another nation. If you're talking about
another nation, then you'd say that the failures of this nation
are caused by their personality, but about the successes, you'd
rather say that they are caused by the circumstances.

Those of you who are from Poland, which city are you from?

We're from Zamość.

Michał Bilewicz: That's a very interesting area from the
perspective of Polish-Jewish relations. The whole conception
of Polish-Jewish relations is a tricky one because it implies a
certain understanding that Jews are not Poles, which is something located at the core of the discussion that we have now, a
debate about the relations between Poland and Israel and the
history during the Second World War. There is this implied
reasoning that the Polish state has to defend the good name
of Poland and to show the world that all Polish people were
rescuers of Jews. Actually, most of the Jews that were killed
here were Polish citizens. So the question is why the Polish

180

nation or the Polish state today has to represent the history of some of its citizens, but not others? In my opinion, the Polish minister should also represent the interests of those people who were murdered.

Zamość is also interesting because the best testimony from the times of the Holocaust written in Polish language comes from there. No, one of the two best. As the first, I would consider Calek Perechodnik, "*Spowiedź*", "The Testimony". Calek Perechodnik was a Jewish person who was part of the Jewish police in Otwock ghetto. He was a collaborator, a Jewish policeman, and he sent his own family to the death camp. He survived until 1944. He was hidden on the Aryan side in Warsaw and then somebody betrayed his hiding place and he was blackmailed and then finally killed by Gestapo.

He writes his testimony in 1943/44, and as he writes about his memories, he says "The time of the Holocaust is the time when morality collapsed. Nobody was moral." He said that neither Poles nor Germans, of course Germans were the evil at that time, but he says that Poles were immoral at that time and they betrayed Jews, and Jews were immoral at that time because Jews trusted that everything will be fine and actually collaborated in a way. This is something which is very hard to read today because if you're Polish, it makes you feel uncomfortable, if you're Jewish, it makes you feel uncomfortable, and if you're German, of course it makes you uncomfortable.

I think this is the truth about the Holocaust, though: That nobody can feel really comfortable. There is no way to feel comfortable. The second testimony which is really worth reading is that of Zygmunt Klukowski, who was a doctor working very close to Zamość, in Szczebrzeszyn. Most of the book is actually about Zamość because he spent half of the time in Zamość and half of the time in Szczebrzeszyn. Szczebrzeszyn was a small town and he was an educated doctor, he wanted to party and to be part of this nice cultural place of Zamość, where there were good cafés and so on.

He writes about the reactions to the Holocaust of people in
Zamość, in Szczebrzeszyn, in Izbica, and in the whole area.
About the problem of people who are sometimes trying to earn
some money, to earn some property, to get houses or apart-
ments, taking advantage of the fact that their neighbours are
being sent to Izbica and then to Bełżec. He's Polish, he's not
Jewish, but he writes, how is it possible that this can happen,
that now neighbours treat neighbours as an opportunity to
loot, an opportunity to get some property? This is very difficult to read. It's a very interesting perspective because it's the
perspective of a person who is just there, who's part of the Polish Underground, who was part of the *żołnierze wyklęci* after
the Holocaust, and still asks these questions. It shows that
the history is very complex, it's not black and white. For me
as a psychologist, it's very important to know that we never
can use our moral standards to make judgements about what
happened during the Holocaust because it's so different and
nobody in this room knows how they would act if they were
placed in such situations.

**You mentioned that this picture of history and of how
the Holocaust happened is different in these three
countries. Is this a general thing, shared by all people,
or would you say that a certain group of people in each
of the countries has a different view?**

Michał Bilewicz: I was talking about a kind of average, the
average German, average Pole, and average Israeli. Of course
we know that average people do not exist. It's a composition
of many different groups. I am sure you are aware of the diversity in Germany, for example. If you look at the distribution
of attitudes in Germany, you find that if you go from the east,
from the Saxonian Ore Mountain Range, where you have high
popularity of AfD and very anti-immigrant views to, say, the
Rhineland, where generally, people are rather open towards
immigration, then you realise, that we have very different his-

tories here because those people in Eastern Germany lived in a very homogeneous country for a long time, while the people in the Rhineland were always very open, they always had many contacts with France.

There are many different histories and the same is true for education levels: People who are more educated usually feel more of a sense of responsibility or guilt for what happened in the past and people who are less educated usually are more defensive and would like to have this very idealised image: "We were always good and never did anything bad". This is about Germany, but talking about Poland it is the same: The more educated people in Poland are, the more willing they are to talk about the dark aspects of history and not only the glorious ones. Besides, we have the same regional pattern as in Germany, actually. If you go more to the east, people are more defensive, if you go more to the west, people are more open-minded, so paradoxically, there is also this east-west dimension operating in Poland when you talk about history. If you look at research on Lubelskie region, where Zamość is located, and Podlaskie region, these are the two voivodeships where the willingness to talk about the negative aspects of history is the lowest. People would rather like to talk about the glorious history and be silent about the negative aspects of history.

If you go to Israel, it's more or less the same, it's not about an east-west dimension there, but also about education, and people who are less educated would also like to perceive Jews as only glorious, not doing any harm, being absolutely good. People who are more educated sometimes acknowledge that there were some crimes against Palestinians, the Arab population, and are more willing to talk about *nakba*, for example, the moment when Arabs were pushed from Jerusalem, many Arabs were killed and forced to migrate from what was to be Israel. Not everybody in Israel commemorates that.

I know very little about Latvia. I know that Latvia has a very traumatic history in this respect, that there was also a lot of collaboration going on in Latvia. Even in Poland, we have memories of Latvians actually serving in the German troops during the war. But I don't know about the debates in Latvia today, whether there are debates about the collaborationist parts of SS.

There are no broad debates about this topic because people don't like to speak about it, people just want to stick to the image of either heroes or victims. "We, the Latvian people, were either victims or heroes, we didn't collaborate." There is official recognition that Latvians participated in the Holocaust, but it is officially said that these people were only a small group. Actually, it is not so small, it was shown that the collaboration was very broad. Many Latvians collaborated.

Michał Bilewicz: And the combatants who were part of *Waffen-SS* have veteran rights, which from a Polish perspective sounds quite strange.

As you said, there is no black and white in history. There is no historical evidence that the Latvian Legion, the *Waffen-SS*, participated in the crimes against Jews. There is evidence about the *Sonderkommando Arājs*, but there is no evidence about *Waffen-SS*, so you cannot condemn them.

Michał Bilewicz: This is an interesting thing because it's also part of the debate in Poland: We had, for example, a part of the Polish underground in the Naliboki region, which belongs to Belorussian Lithuania, close to Vilnius, Nowogródek, Daliboki. These were areas where the Polish Home Army, which was the main Polish underground force for some time, collaborated with the SS. They were fighting against the Soviet partisans under Nazi occupation. This was a part of the history of Poland where some Polish troops were actually fighting on the side of the Axis against the Allies, which is something you cannot understand if you went to school in Poland. You always thought that Poland was on the side of the Allies, not of the Axis, but the history gets complicated when you dig deeper into it and suddenly you can find the reasons why they did it.

There are some people that believe that this *Waffen-SS* was fighting for the independence of Latvia. I think that it's not true because restoration of the independence of Latvia wasn't part of the plans of the Nazis.

Michał Bilewicz: This is a problem. In Poland right now, we try to use the term "Nazi Germany" or "German camps" and so on, but I think that using the term "Nazi"' is very essential here because the Nazi system of understanding was of course imposed by Germany in Europe, but it was very clever - depending on the meaning of "clever". They were very instrumental in using the ambitions of other nations, so even if we know now that the Germans did not have the plan to establish independent Latvia and we know now that the Germans didn't have a plan to establish independent Ukraine, I am really confident that at least for some time, they were very good at giving the impression that if Ukrainians collaborate, they will get their own statehood. This is why there were many Ukrainians collaborating with the Nazis.
In Poland, we have of course this memory of crimes committed by the Banderist Ukrainian Insurgent Army, *UPA*. In the end, the Nazis imprisoned all the leaders of *UPA* and they killed many of them, but in the beginning they created some forms of collaboration. There was *SS-Galizien*, another part of the *Waffen-SS*, that was composed of Ukrainians. These Ukrainians really believed that this could be a way to establish Ukrainian statehood after being a part of Poland. They really wanted to have their statehood for a long time and their

leaders were sent to prison in pre-war Poland. We had Bereza Kartuska and Brześć, we had two notorious camps for the leaders of the Ukrainian nationalist movement. The more you look at this history, the more you see the reasoning behind all actions of people. Even if you take this Nowogródek Home Army, the Polish underground who was collaborating with Germany for some time and fighting against the Soviet partisans, you realise that they do this after they were betrayed by the Soviet partisans. The Soviet partisans didn't want to support them in their fight, and this was like a response. It's good to analyse that, to analyse the motivations, and not to be very simplistic in the way you analyse history.

We're also very much interested in what you can do against anti-Semitism. You mentioned that the more highly educated people are and the more exposure they have towards different kinds of people, the more willing they will be to accept bad aspects of history. Are they also less anti-Semitic?

Michał Bilewicz: Yes. We always find a tight relation between education and anti-Semitism. The more educated people are, the less anti-Semitic they are and the more tolerant they are in general. Some of you travelled to Israel, and having travelled to Israel you realize that Jews are not people with hats, beards, and prayers, and all this outlook which probably your great-grandfather told you about, but they are just normal people like we are. This is the process of changing your knowledge structure from being very simplistic to being more complicated. Then you realize, some of them look like that, some of them wear those beards and so on, which you'll probably see in Jerusalem, but if you go to Tel Aviv, there are these fit young people who are like everybody everywhere else in Europe.

In Latvia, there is a large number of people with

higher education and still, these stereotypes and prejudices about Jews live in the society and you cannot
reduce them.

Michał Bilewicz: The point with countries like Latvia, Poland, and eastern parts of Germany is that these areas are
ethnically very homogeneous. This is the problem: You can
be well-educated, but if you are educated in a very homogeneous environment...

Actually, Latvia was never homogeneous.

Michał Bilewicz: Ok, there were Russians and Latvians.

**Not only, there were also many Jews, Poles and Ger-
mans.**

Michał Bilewicz: I see. I know that in the past, the best
way in Poland to a get good education was to go to Tartu,
to Dorpat. But I don't think that those people who were
raised in Soviet times had so much exposure to any otherness.
This is certainly the case for Poland and Germany: if you
look at this east-west dimension in Germany, it's also quite
true that people are mostly prejudiced, mostly Islamophobic,
and mostly anti-immigrant in those areas. I mentioned to you
those mountains of Erzgebirge because I went cross-country
skiing two years ago there. I was really impressed because this
was a beautiful area and there are nice mountaineers, who have
their own tradition and culture. It's a fascinating place, but
on the other hand, they are very homogeneous, there are only
white, German protestants, maybe secular in a way, but in the
mountains not so much. You cannot see any people looking
differently or having a different culture there. When you see
the results of far right-wing parties there, this is probably the
reason for that.
It's the same if you look at Poland, in the more heterogeneous

places like bigger cities, you will have much less popularity of far right-wing parties. I remember being in Tomaszów Lubelski, maybe ten years ago. On the streets in Tomaszów Lubelski, I saw posters everywhere of *Młodzież Wszechpolska*[29]. I was surprised because in Warsaw, I didn't see any posters like that, and I realised that this is the difference: In the Poland I know, which is the Poland of Warsaw, Wrocław, Gdańsk, maybe Kraków, I don't see much of that because there is a lot of diversity. You hear English language spoken here at this university, and if those people see a poster of *Młodzież Wszechpolska* which spreads hatred, they will just take this poster down. It would not be attractive for them. Now, if you go to Tomaszów Lubelski, I don't think there would be any people who would say "this is bullshit, take the poster down" because they don't know anything about what it means to be African, to be Muslim. They will be afraid of meeting Muslims and such parties will get popular.

The Germans during the Nazi time weren't uneducated, right? And still they were able to commit something as horrible as the Holocaust. So, my question is, what makes a *good* education? Because, obviously, there were educated people that still were very evil.

Michał Bilewicz: That's a big question because basically we see that education makes people more open-minded and you can say the same about this heterogeneity. Some of these Nazi criminals, like Adolf Eichmann, for example - he had many Jewish friends, he was friends with the president of the Jewish community in Budapest, he even spoke some Hebrew and some Yiddish. And he was the person that designed the whole destruction of the Jews, he designed the whole logistics of the Holocaust. Of course, you have many well-educated people

---

[29]English: "All-Polish Youth", an ultra-nationalist organisation forming part of the National Movement party

holding doctoral degrees, which was very rare at that time.
he biggest criminal in the history of my city was Oscar Dirlewanger. He created the Dirlewanger Brigade, which was part of the SS, a brigade of former poachers and hunters. They were skilled, they knew how to fight in the forest very well and they were used to fight partisans. When the Warsaw Uprising happened, they were sent to Warsaw to kill the insurgents, the partisans who were fighting in the city during the Warsaw Uprising. In fact, they were just killing civilians. They made this huge slaughter of Wola, a region of Warsaw. They came from house to house, they were raping all women and they were killing all men whom they would see in that whole part of Warsaw. We are talking not even about Jewish people, they were killing Polish people. And Oscar Dirlewanger held a doctoral degree, he was a political scientist before. So, you're right that not all education makes you moral and open-minded. I think that even Goebbels was holding a doctoral degree. There were more of them holding doctoral degrees among the top Nazis, Mengele, too, who was a medical doctor.

Now, there is this big question for me, and I try to pass it on to my students as far as I can: There is always this question of how you understand your responsibilities and your duties if you are a scientist. The case of Mengele is a good example because he was thinking that he's actually doing medical research. He was thinking "I have these Jewish inmates of the Auschwitz Camp and I can do experiments on them that are normally considered unethical. Now, nobody will check whether I do ethical or non-ethical experiments. So, if I can do these experiments on twins, for example, I can discover some very important patterns about human physiology that maybe later on could cure thousands of people. Just because I killed these 10 or 15 Jews or Gypsies." This is a kind of reasoning which is a big risk of studying science and of doing research. At some point, you could say "I can make the world a better place. But to make the world a better place, I have to

waste the life of some people." This is something that we have
learned from the Holocaust as well. This is a trick that really
works for some very well-educated people. This is something
that we have to be really cautious about.

Many well-educated people in Germany were attracted by Nazi
ideology because Nazi ideology claimed to be based on science. "First, we are looking at correlations, we are doing some
statistics and are looking at how different diseases are distrib-
uted in a population. We say that among Slavic people, -
Poles, Czechs, Slovaks, Ukrainians, Russians - you find that
there is a significantly higher level of some diseases than among
Germans, Austrians, Swiss people, and Dutch people." This
is their discovery and then, there's somebody who tells you:
"Now, what can we do to make sure that our population will
not have these diseases? Maybe we should do something that
they don't marry these Slavic people because it will be bad for
the health of our children, and we really want to have healthy
children." Today, it sounds awkward, but if the Holocaust had
never happened...

This was the way people would think in a scientific, reasonable
way, this was also the way Americans were thinking: When
people were trying to get from Europe to America, they had
quotas in the United States how many people they would let
in from different countries. So, if they knew there were more
diseases in Ireland or if there was a higher criminality rate in
Ireland, they would say "We want to lower the quota of immigration from Ireland, we don't want Irish people to come."
There was Ellis island, where they were selecting people, and
they'd say "Irish people, go back. Jewish people – maybe we
can take them, because statistically, they are quite smart.
They are quite criminal, but - okay, let's take them. Polish
people, they're quite healthy, hard-working, we can take them
- German people, we can take them." It was all based on a
statistical analysis of criminality and this way of thinking was
very popular in the whole pre-war era, even in democratic so-

190

cieties. Nazi Germany took this whole idea and said "Let's design some more things even, let's design whom we are going to marry and whom we are not going to marry, then later on design who is going to be alive and whom we will kill."
I really recommend you to visit Bełżec. At Bełżec, there is a very beautiful monument, very powerful. To me, it's the best way of commemorating the Holocaust that I have ever seen in Poland. Auschwitz is very brutal, naturalistic, because everything is there, but if you go to Bełżec, you see more of a symbolic meaning. Anyhow, go down to the small museum which is there, and try to learn as much as possible about the biographies of SS troopers in Bełżec. Who were the people that were operating gas chambers, who were the people that were operating the crematoria in Bełżec? They were all from Berlin, they were doctors, people from the programme *Tiergartenstraße 4*, and they were all part of the medical staff of mental hospitals in Germany, like Hadamar and other mental hospitals in Germany.
How is it possible that doctors – some of them were doctors, some of them were medical assistants – from a mental hospital somewhere in Germany would end up in Bełżec, killing Jews in a massive way? To understand that, you have to understand the problem with psychology and psychiatry at that time. There was this whole beautiful idea of reform psychiatry. If you take the whole history of psychiatry and psychology, it looked like that: there were people in mental hospitals. Those people were usually just kept there and nobody wanted to cure them. There was no such idea like psychotherapy. It was times before Freud and Freud was this new, fashionable way of thinking. But at that time, no attempts were made to cure these people. They were just retarded, you had to keep them there – and it costs a lot to keep them. The society had to pay money to keep these people in the hospitals. If you read Michel Foucault, this is how mental hospitals operated in the past.

Then there was this very bright idea of very progressive people in Germany, who said: "Let's make psychotherapy, let's cure people. The best way to cure people is to ask them to start working in the normal society." There is also a combination of therapy with making them work. As you realise that some of these patients can work, it costs even more to make them work and to provide a therapy for them, and you are very happy that after a few years of therapy, they return into society. You had all these patients with a depression, with anxiety disorders and so on, and you cure them. But it costs a lot.

Then finally, there are these people to whom you do the same, but you cannot cure them - people with schizophrenia, sometimes people with neurological problems. You realise that you really need money to provide a therapy for those people whom you can cure and you need to save money somehow, and somebody tells you "Now, if you cannot cure them, their lives are kind of worthless. Maybe we can create eugenic ways of killing these people whom we cannot help. By killing them, we save a lot of money and we can help much more people who actually can be cured." The most progressive people at that time believed that this is what you should do in times where you don't have sufficient money for the medical system.

Once you design this idea, you need to train some medical assistants that can take people, put them into gas chambers, and kill them. This is how it all started. Once you have people who know how to do that, you just tell them to think about different populations: "Now we occupy whole Europe. We know from statistics that some nations have a high level of certain illnesses. Jews are spreading typhus, they have parasites, and they have problems with their mental health as well – it will be better and safer for Europe as a whole if we just kill them." It was easy for those people who were medical assistants and who were told: "You are curing the nation now, not only patients, but you're curing the whole nation. You can do that." This is a very, very dangerous way of thinking, and I consider elements of it to be part of scientific thinking even today. And I'm very afraid of that.

I have a very different question: What about the freedom of historical science and research in Poland at this moment?

Michał Bilewicz: I would say that at the moment there is a full freedom of historical research and any science in Poland. What's more, we have a very good funding system, I cannot complain. I'm having a co-founded research grant from *Deutsche Forschungsgemeinschaft* and Polish National Science Centre. Looking at this grant, we can see that we have a system very similar to Germany's. It's not working on an ideological basis. You can get money for research which is completely against the government's ideology.

Now, we have this new law which was passed by the lower chamber of the Polish parliament on Friday. There was an immediate reaction to that and I don't think that it will be passed in that form. It's a very long story. This law was first invented in 2006. They have been trying for ten years to have this law and there always was a clash. It has been voted down by the constitutional tribunal. I really hope it will not succeed because if it does, it will be impossible to do scientific research in some forms and to talk about the things that we are talking about here, for example, and to talk about all these complexities.

I am friends with many people doing Holocaust research in Poland, discovering very negative facts about Polish history. I never heard about any of them having any criminal case in Poland, but of course, there are some pressures. For example, in our research centre, we're doing research about the levels of anti-Semitism in Poland. We try to measure anti-Semitism in different parts of the country, we're trying to look at the sources of anti-Semitism and at ways to decrease it. It was three times already that we were invited to speak at the Polish parliament's ethnic minorities' commission and present our studies.

Once, after we presented these results, there was a letter from a group of members of the Law and Justice party, PiS, to the rector of the University of Warsaw, and they asked the rector about the centre – where are they getting money from? How many are they? How much do they get from the Polish budget? and so on and so on. They were putting a little bit of pressure on the chancellor of the university, trying to check what's going on, signaling that they don't want these guys to do the research that they are doing. But, to show you how independent our academic institution is, I can tell you that the rector responded, "any academic at my university can express any views properly, and it is not for me to criticise that". He stood in favour of academic freedoms at the university. I consider this to be a very strong standard at universities right now, but you never know about the future.

Can you tell us more about the research you do on anti-Semitism today, about the results of the research?

Michał Bilewicz: There are many studies. Basically, we are distinguishing three forms of anti-Semitism: The first form of anti-Semitism is conspiracy anti-Semitism. This is basically the belief that Jews are organising secret plans to take control over the world, control over the media, and so on. This kind of thinking is very widespread in Poland, more people agree with such statements than disagree with them.

The second form of anti-Semitism is something which we always consider to be very historical: Believing that Jews are responsible for killing Jesus, that Jews are using Christian blood for ritual purposes, that they are kidnapping children and so on. We always thought that it's gone, but it's still approximately 20% percent of people in Poland who think that some Jews did that. Different studies find that 15-20% of the population believe that. We are surprised by that; it's almost

194

entirely in villages and small towns, you don't find this in cities, and it's very much correlated with education, it occurs mostly among people with lower levels of education.

The third form of anti-Semitism is what we called secondary anti-Semitism – from German research, *sekundärer Antisemitismus* - which is exactly what we are talking about today: unwillingness to talk about history, unwillingness to acknowledge any responsibility, and the perception that Jews are exploiting history in order to have some gains. It's very much related to the idea of a Jewish conspiracy, but in Poland, it's also driven by a sense of comparative victimhood - who was the bigger victim in history? - and also a sense of a lack of acknowledgement, which actually in Poland is a big problem: That, globally, the history of the Second World War and the Polish victimhood was not very well acknowledged. When you go to America and talk about Warsaw Uprising there, for example, nobody knows about Warsaw Uprising. Even in Germany, if you talk about the fate of the Polish people during the war, they don't really know about it sufficiently.

Polish people are aware of the fact that the world does not really know about Polish suffering and therefore there is this fight: "Why do they know so much about Jewish suffering, while they don't know about our suffering?" We did some research on this as well. Once you give Polish people the information that Polish people are recognised, for example if you read statements by Barack Obama or by other big figures to them, saying that Polish people were brave and fighting very bravely against Nazi Germany, that Poland was the only country which had an underground state, and so on, then finally, Polish people are more willing to recognise the Jewish suffering. I think that it's not only that Poles are responsible because they are anti-Semites, but there wasn't sufficient recognition of Polish history for quite a long time in Poland.

Dr. Katrin Stoll

Katrin Stoll is a Holocaust scholar from Germany who has lived and worked in Warsaw for many years. From 2015 to 2018, she worked at the German Historical Institute in Warsaw in the research group "Functionality of History in Late Modernity". She is a member of the German-French research group "Early Modes of Writing the Shoah: Practices of Knowledge and Textual Practices of Jewish Survivors in Europe (1942–1965)". As a member of this group, she retrieved and safeguarded the Nachman Blumental Collection at the University of British Columbia in Vancouver in 2018 and ensured that 32 boxes containing Holocaust-related material were shipped to YIVO in New York.
Her research interests include anti-Semitism, Holocaust historiography and testimonies, Täterforschung, criminal prosecution of Nazi crimes in the Federal Republic of Germany, and representations of the Holocaust in Germany and Poland.
We met Katrin Stoll at the German Historical Institute in Warsaw on January 30th, 2018.

Katrin Stoll: Can I maybe start with the following: On Friday, a new law was passed by the Polish Sejm, by the parliament. It states: "Whoever accuses, publicly and against the facts, the Polish nation or the Polish state, of being responsible or complicit in the Nazi crimes committed by the Third German Reich, shall be subject to a fine or a penalty of imprisonment of up to three years." What we are witnessing at the moment is an attempt to regulate history from above, through legal measures. What is at stake for the Polish government is the so-called good name of Poland and the Poles.
This law was passed on Friday, one day before International Holocaust Memorial Day, the day of the liberation of Aus-

chwitz on January 27th. It's an interesting development: the fact that the crimes were committed in the first place is not the cause of outrage. I think that everybody knows that it was the SS who established the concentration and extermination camps and that the Holocaust was a German Nazi state crime. That's pretty obvious, but the very fact that these crimes were committed does not produce outrage. What evokes outrage and fear among high-ranking bureaucrats of the Polish state is that they might be falsely ascribed any responsibility for the crime. This is their fear: that they, before the world, appear as the ones who committed this crime. It's an attempt to regulate history from above. The experience of the Jews is of no importance whatsoever in this kind of history politics. It's very disturbing. I mean, the first priority should be to reflect on what happened at Auschwitz instead of thinking of one's own narcissistic feelings.

Do you feel that this fear is substantiated in any way, for example when articles regularly refer to Polish concentration camps, will it lead people to believe that these were connected to the Polish nation?

Katrin Stoll: As I said, only people who are completely ignorant could come to the conclusion that Poles established the Nazi concentration camps. The Nazis established Auschwitz for Polish political prisoners. Auschwitz is the symbol of the murder of the European Jews. The real issue here is to regulate public discourse and to suppress a free discussion about the whole dimension of the Holocaust. The Holocaust was not only a German state crime, not only a confrontation between Germans and Jews. It was also a confrontation between the non-Jewish majority communities and the Jews in the case of Poland under German occupation: between the Christian Poles and the Jewish population living in this country. One third of the population in Warsaw was Jewish, the largest ghetto was in Warsaw, 350,000 Jews were deported to

Treblinka by the Germans in the summer of 1942. However, the majority of Polish Jews lived in small cities and shtetls. The Germans carried out the deportations of the ghettos in a very cruel manner and shot many Jews on the spot in front of the eyes of non-Jewish Poles, who largely accepted the genocidal project of the German occupiers.

No sane person would ascribe responsibility to the Polish nation as a whole because it's always individuals who act. We're talking about individuals, individual participation or individuals acting as part of an organization. Sometimes several individuals got together to act, like for example in Jedwabne where Polish neighbours murdered the entire Jewish population – men, women, children of the town – in 1941, burning them alive in a barn. Since 2015, when PiS came to power, the highest leaders of the Polish state have openly negated the fact that Polish citizens murdered the Jews of Jedwabne. I think this is the direction of this Holocaust-speech law, it is directed against Holocaust recognition, i.e. the active and passive participation of parts of Polish society in the Holocaust. The "Polish camp" issue is not the real issue because, as I said, everybody knows that the SS established the Nazi death camps.

Don't you think that there are many journalists and influential people all over the world – as you said, ignorant people – who spread the idea of so-called Polish concentration camps, for example in Italy? It's maybe not the main, but an important idea of this law to stop it because this mistake is spread over the world. There are many people who have no clue about Poland, about what happened during the war, and if they listen to or read journalists who say "Polish concentration camps", they get a kind of idea of the Polish nation at the time. So, probably, it's still necessary to say "not Polish, but Nazi concentration camps". I don't think it's just a minor issue.

Katrin Stoll: I didn't say that it was a minor issue, I said that the real issue is evaded. The real issue is to ask ourselves: Why were these crimes committed? How was Auschwitz possible? Why was there no solidarity with the Jews? Apparently, it's no big deal that we have "a little Auschwitz", "a little Holocaust"?! Why are we not talking about what happened at Auschwitz, why are we not talking about what happened in the Warsaw Ghetto, in Treblinka? For people, the "Polish camp" subject is an issue because they want to avoid a confrontation with the reality of what happened during the Holocaust. This is what I'm saying and I think it's an obsession: for example, the Polish foreign ministry has established the term "false code of memory". "Polish concentration camps", according to them, fall into this category. Of course, it's false, but what matters to them is that their good name is kept clean. I think the real issue is avoided.

Do you think that in this law the Polish government wants to negate what happened in Auschwitz?

Katrin Stoll: No, of course not, nobody negates it, nobody would negate Auschwitz. It's rather, "I don't want to be connected with these crimes in any way", and there is the issue of Jedwabne and of the attitude of Polish majority society to the persecution and murder of Jews. The Poles were forced to become eyewitnesses and co-presents of the Holocaust carried out by the German occupiers and they benefitted from the crimes. "The lie of Jedwabne" has become official state doctrine. The head of the Institute of National Remembrance (IPN) has publicly propagated the idea that the Germans murdered the Jews of Jedwabne, not the Poles. Again, we are talking here about avoidance and defence mechanisms.

Would you say that it's completely avoided? In history politics, are there some political measures that deal with the victims and take responsibility for them?

EXPERIENCES WITH ANTI-SEMITISM IN CENTRAL EUROPE AFTER THE SHOAH

Katrin Stoll: Yes, I mentioned the Polish Centre for Holocaust Research, they have done a lot, published a lot, also testimonies that actually focus on the experience of the victims, Jewish victims, and the difficulties of surviving on the so-called Aryan side. We have to get the facts straight. Now, what are the facts? The Germans murdered 90% of the Polish Jews – 3.5 million. Out of the 3.5 million Jews, only 30,000 to 50,000 Jews managed to survive in the German-occupied territory. It is a very small number. After the Germans had liquidated all the ghettos and murdered most of the Jews in the Nazi extermination camps in Bełżec, Treblinka, and Sobibór, there were approximately 200,000 Jews still alive. Out of them, only 30,000 to 50,000 survived. So, the question is what happened to them.

The Polish Holocaust researchers – Barbara Engelking, Jan Grabowski and others – have studied what happened during this so-called third phase of the Holocaust. Of course, nobody negates that the Nazis were the main perpetrators, but in order to make the Holocaust so terribly effective, the Germans depended on parts of the Polish population. Take, for example, the Blue Police under German command: the police participated in the deportations of Jews. Jan Grabowski has written about the so-called Blue Police. This is what the Polish Holocaust researchers have studied. In my view, the Polish government attempts to block this self-critical and analytical Holocaust discourse and to marginalize the Polish school of Holocaust research.

Is there a connection between such a one-sided view on the history of the Holocaust, and the topic of anti-Semitism? How is it connected?

Katrin Stoll: This is an interesting question. Yesterday, the Polish president Andrzej Duda said that Jews have the right to fight anti-Semitism and that Poles have the right to fight the slandering of the Polish nation and the good name of Poland. You can see that a false symmetry is being created here, as if anti-Semitism and anti-Polishness were the same thing. Anti-Polishness is a trope that appeared in Polish discourse after the anti-Semitic violence against Jews after World War I. People who condemned the pogroms were reproached as being "anti-Polish". Maria Janion and others have pointed out that in the history of anti-Semitism, the "Jew" has been portrayed as the intruder, as a state within the state, as the one who is not part of the German nation, the Polish nation, any nation in Europe. This is an integral notion of European anti-Semitism: the Jew as the intruder, and in the Polish case, very often, the Jew as the non-Pole: There is a concept of the Pole that says that a Polish person is only a Catholic person (polak-katolik).

Anti-Semitism as I understand it – there are different definitions – is based on false projections, it's something that happens in your mind, it's a phantasmatic concept. Perpetrators of anti-Semitic violence respond to a certain image that has been created and has circulated in their cultural tradition. For example, Nazi anti-Semitism was a redemptive anti-Semitism, the Nazis wanted to redeem the world of the Jews. In Polish anti-Semitism, we have a strong tradition of Christian anti-Semitism. German anti-Semitism led to Auschwitz, Polish anti-Semitism to pogroms.

But we have a certain mental structure that we always find in anti-Semitism. This is, I think, the conspiracy aspect. In the anti-Semitic worldview, an endless power is ascribed to Jews, the power to rule the world, to undermine things, in Christian anti-Semitism the power to kill God, in modern anti-Semitism the power to rule the world by means of capitalism, socialism, communism, liberalism. We have to understand that it is a mental concept that functions relatively independently of what Jews do or don't do.

Anti-Semitic images can be activated in certain situations. You have probably heard about the nationalist march last year, on the 11th of November in Warsaw. This manifestation was organised by the so-called Radical Nationalist Camp, ONR, an organization that refers to pre-war fascism. 60,000 people marched behind nationalist, racist banners like "White Europe" and so on. One person – he was on TV – was asked, "why are you participating in this manifestation?", and he replied, "in order to remove Jews from power". This is a classic example of an anti-Semitic worldview, the idea that it is the Jews who rule the world. It doesn't matter if there are real Jews in the government or not, the anti-Semite reacts to an imagined Jew.

It's interesting to see then how this was discussed afterwards: Many people argued that we cannot say that all these people who participated in this manifestation were fascists. But the very fact is that by marching behind these banners they agreed to that and they knew that it was the ONR who organised this manifestation. I have noticed – I've been living in Poland for nine years now – that there has always been an attempt to differentiate between patriotism and nationalism. It's the idea that aggressive nationalism is bad and that patriotism is good. But sometimes you can see that these things intermingle.

Article 256 of the Polish penal code makes hate speech a criminal offence, but the problem is that this article is hardly ever applied, even though the Polish president officially condemns these racist statements. We have an official distancing, but if we look a bit closer, we can see that, for example when it comes to criminal persecution, cases have been closed. For example, there was one case against Justyna Helcyk, who is a leading ONR figure in Silesia. She intervened and the Minister of Justice, who is the chief public persecutor at the same time, made sure that the case was closed. We have several of those cases. Maybe you have heard of the case of Piotr Rybak, who publicly burnt an effigy symbolizing a religious Jew. He was sentenced, but later on, the sentence was reduced.

So, we have a double-bind situation: officially, the Polish government distances itself from right-wing extremism, but when it comes to the legislation and the prosecution of these crimes, they are lenient. They don't see a connection between their policies and the rise of right-wing extremism. A survey demonstrated recently that 30% of Polish men support this fascist organisation ONR. For me the puzzling question is – all of this is happening after the Holocaust – why the ONR, an openly fascist organization, is not outlawed in Poland, that they have freedom of speech.

On the other hand, there are criminal cases against Jan Gross, the Polish Holocaust historian. He was interrogated for five hours and there is still a criminal case.

Katrin Stoll: Yes, the criminal code contains an article where-by those who slander the good name of Poland can be prosecuted. What was his "crime"? Gross wrote an article in which he said that Polish people had killed more Jews than they had killed Germans during the German occupation of Poland. He argued that the present-day stance of Polish society towards the refugees has its roots in the fact that Polish society has not dealt with its own role during the Holocaust and the murder of Jews. Jan Gross seeks to take Poland, the self-declared Christ of Nations, from the cross. This is the real reason why he is being prosecuted and portrayed as a vampire.

You mentioned this article by Maria Janion where she writes about these intellectuals who seem to spend their time fantasising about Jews, demonising them, reading anti-Semitic pamphlets and writing them anew. I was wondering if that kind of activity was only done by intellectuals or if writings also had an impact on general society? Was there a kind of two-layered transmission of anti-Semitism – you have a kind of intellectual anti-Semitism and you have this

general population anti-Semitism?

And how are these writings perceived today?

Katrin Stoll: I think we have to look at the Polish Catholic Church here because anti-Semitism was an integral part of Catholic Church teaching. So, when we ask, "what ideas did the Polish peasants have?", we can say that their idea of the Jews was not shaped by what the intellectual elite wrote. I don't know how many of them were able to read. Their idea of "the Jews" was shaped by the Polish Catholic Church, for example this anti-Semitic idea that the Jews were the Christ-killers. I think that you can say that the population in the 18th and 19th century was more influenced by religious anti-Semitic teachings, not so much by what intellectuals wrote, like Krasiński and others.

Regarding your second question, I think there has not been enough distancing from these people and their writings. Take Staszic, for example, the Polish Academy of Science is named after him. I think when it comes to that, a lot has still to be done. The deconstruction of, let's say, the negative side of Polish culture. This is what Maria Janion analyses. She wants to understand what the characteristic features of Polish culture and anti-Semitism are. According to her, anti-Semitism is an integral part of Polish culture. She wants to understand why people need the anti-Semitic figure of the "Jew" for the construction of their own identity.

Were the clergy of the Polish Catholic church in turn influenced by these intellectuals or did they just always transmit their idea of Jews as the Christ-killers and that's it? Did they also fantasise?

Katrin Stoll: I haven't studied this period, it's not my field of expertise, the end of the 19th century, so I cannot say anything about that, but I can give you an example of a more recent case, the anti-Semitic campaign in Poland in 1968. It was an official state campaign; the highest officials of the party unleashed this campaign. The consequence was that approximately 14,000 Jews or those considered as Jews by the authorities left Poland. The Catholic Church in Poland did not condemn this campaign, thereby approving it.

here are cases where anti-Semitism functions in political discourse, for example in the presidential elections in 1990, when there were the candidates Wałęsa and Mazowiecki, and Wałęsa suggested that Mazowiecki had Jewish roots. And what did the Mazowiecki campaign do? Instead of naming this as anti-Semitism they propagated that way back to previous centuries Mazowiecki's family was of ethnically Polish origin, that there was no Jew in their family. It is very disturbing that they did that. I think that the subject of the Catholic Church as well as anti-Semitism within the Catholic Church is a great taboo in Polish discourse. I am convinced that if the Catholic clergy who in the countryside were the main authority during World War II and the German occupation, in 1941, when the pogroms happened, I think that if the Catholic clergy had intervened and said "We're not going to kill the Jews", that people would have listened to them. I think that this subject – the stance of the Catholic Church towards anti-Semitism and the Holocaust – has not been dealt with enough.

One Polish historian told me that Polish people were very extremist: They were very extremist in collaborating with the Nazis, and they were very extremist in helping the Jews.

But what is discussed about widely is the bad extremism. What I think is that the bad extremes are mostly shown and we don't talk about those who helped.

Katrin Stoll: Can I maybe say something about this issue of help. The official Polish state discourse – for example during the anti-Semitic campaign of 1968 – portrays the entire Polish nation as rescuers of Jews. But we have to understand that those few people who rescued Jews were an absolute minority. They were exceptions, complete exceptions, and afterwards people blow this out of proportion and say these people were representative of the Polish nation. They were not! They were not representative, they represented only themselves, they acted against the norm, the societal norm. Under the German occupation, rescuing and helping Jews was not considered an act of resistance against the German occupiers. The helpers also had to hide Jews from their own neighbours, not only from the German occupiers.

We have to differentiate between real people who helped and between the discursive figure of the Polish Righteous in public discourse. This discursive figure, which is detached from real people, always appears in public discourse in Poland when there is anti-Semitic violence. The Polish Righteous were brought up in 1946, after the Kielce pogrom, they were brought up in 1968, they were brought after the Jedwabne debate in order to cover up the anti-Semitic acts. Irena Sendler for example said that after the Jedwabne debate a hero was needed. We have to ask ourselves: what is the function of the discursive figure of the so-called Polish Righteous which portrays Poland as a nation of rescuers of Jews?

Another problem is that there are Polish Catholics who saved and hid some Jews, but they were not able to state it or to publish it. They were shamed by the mainstream after 1945.

Katrin Stoll: Yes, they were considered outlaws and they were persecuted in the immediate aftermath of the events. After the liberation from German occupation, they were in mortal danger. These people did not want to reveal what they did, which testifies to the fact that the majority disapproved of their behaviour. I have to say that I was a bit shocked when Morawiecki, the Polish Prime Minister, mentioned the Righteous in the context of Auschwitz. What do the Righteous have to do with Auschwitz? Nothing, nothing at all, we are talking about a German Nazi concentration and extermination camp where so many Jews from all countries in Europe were murdered. The Germans deported Jews from Corfu in Greece to Auschwitz and the only thing that this man can think of is the Polish Righteous? This is so absurd, so grotesque because there were no Righteous at Auschwitz. It was the site of mass murder of the European Jews. The Jewish victims don't really matter in Polish discourse. Hanna Krall once said, when the Poles speak about the Holocaust, they always speak about themselves.

Why do you think that people always take this so personal? In Poland, in Germany, and in Latvia, when we talk about crimes of Poles, Germans, Latvians, people take it personally even if it was so many years ago.

Katrin Stoll: I think it's an inability to face up to reality. I think that you can only bear reality if you can face it and you cannot uphold a Polish identity of Christ among the Nations, of Poles as the eternal victims, if you acknowledge that there were people in Polish society who murdered Jews, right? So, it's not possible to create an unspoiled, clean identity. I think this is why there is this strong reaction.

But this idea of the Christ of Nations doesn't exist, does it?

Katrin Stoll: I would say that is what differentiates, let's say, Polish nationalism from Hungarian nationalism, or Latvian nationalism, or Lithuanian nationalism etc. The characteristic feature of Polish nationalism is that Poland, in the Polish literary canon, has been portrayed as the Christ of Nations.

It's undeniable, it has shaped people's perception of reality and their behaviour, and it has shaped the way people look at the world. I mean, why is it so hard to get rid of nationalism? According to Pierre Bourdieu, the sociologist, it's so hard to get rid of nationalism because we're talking here about dispositions, which are internalised, like bodily dispositions. You grow up with your education at school, you read specific texts, you build a certain understanding of the world based on ethnically homogeneous groups.

You can see how this works in Poland: During the so-called refugee crisis for example the head of the party PiS, Kaczyński, made openly racist statements. He said that refugees were carriers of diseases and so on, thereby winning the election. If we look at this, we can see again that we are talking about phantasmatic concepts. There is no single refugee in Poland. But what he tried to do was to stimulate this fear of imagined refugees who undermine the religiously homogeneous nation. This was the enemy portrayal by Kaczyński. Again, if we want to understand how concepts like nationalism and anti-Semitism function, we have to look at the phantasmatic conceptions.

I didn't want to negate that there is an anti-Semitic image in Polish literature. But they asked one million Polish students whether they liked the poems and the drama and they hate it. They do not identify with this idea of being a Christ of Nations, not at all, not today.

Katrin Stoll: I would say that the concept of the nation is still the main reference: that people don't necessarily define themselves as human beings or as Europeans, but as Poles. Of course you're right, there are different variations, but I think it's still the main frame of reference in talking about so many issues in Poland, all kinds of problems are discussed under the heading of the nation.

Maybe it's again this thing that intellectuals read this kind of literature and they maybe identify with this idea of Christ of Nations, but regular people do not do this, they never ever read 19th century literature unless they are forced to at school, but still they are nationalist. But it's transmitted in another way.

Katrin Stoll: Okay, I'll tell you one thing. Poland has been part of the European Union since 2004. There has been a free Poland since 1989, general elections and so on and afterwards a liberal democracy in Poland. So, explain this to me: Why has there never been another narrative? A narrative based on an understanding of a nation based on citizenship, not ethnicity. It has not happened! This is something that people in the so-called West do not understand, that when we talk about, let's say, PO and PiS, the main political parties: they are both right-wing conservative political parties. For both parties, the nation is the main frame of reference. There has been no other narrative of what it means to be Polish or I haven't come across that. The question is: why? Why is there no narrative of Poland in the European context or of what it means to be a European Pole, a Polish European?

Do you think that Poland is a dangerous place for Jews?

Katrin Stoll: I'm not saying that. I think I would say it like this: It's a dangerous place for anybody who does not fit a certain image of what it means to be Polish. It could also be dangerous if you're a homosexual and do not fit into the idea of what it means to belong to a good Polish family. It's a dangerous place for people who do not correspond to a certain idea of Polishness. I was extremely frightened, I have to say, on the 11th of November 2017 when in Warsaw, which was completely destroyed by the Germans, where the Germans killed so many Poles and Jews, 60,000 people were marching under the heading of "white power", marching through the city. During this fascist manifestation I had to hide in my flat because I felt that I could not go outside. You could say "Okay, these are extreme people", but what is dangerous is the fact that the right-wing discourse has become hegemonic. The right-wing nationalist discourse has become the dominant discourse. I would always say that in Germany it is worse, you have Nazis in the Bundestag, we have attacks on asylum homes and so on, we have the National Socialist underground, we have the legacy of National Socialism, but the important, the dangerous thing is that the right-wing discourse is the dominant discourse, not only in Poland, in other countries as well.

How can we fight such an expression of anti-Semitism, justifying anti-Semitism and especially the Holocaust? For example in Latvia, there is this myth in the media that Jews were those who betrayed the state of Latvia, who supported the Soviet occupation. How can I deal with this problem? When I try to tell people that it is a disgusting lie, people think that I don't know history, that I'm a Jew sympathiser.

Katrin Stoll: Very important question. It is also a problem in Poland, this anti-Semitic stereotype and myth of żydokomuna, the merging of Jews and communists. In Nazi anti-Semitism, this was also very important element, this notion of a Jewish-Bolshevik world conspiracy. So, how to dismantle that? Again, you have to ask: what function does this myth fulfil in your country's public discourse, who disseminates it, propagates it, which purposes does it serve? So, what would you say?

This myth is not officially supported, of course, but it exists between people, just ordinary people. The majority of Latvians think that Jews were traitors.

Katrin Stoll: So, we have another element here which is very important in the anti-Semitic world view, namely the notion of Jewish aggression: the idea that Jews do something against your nation, the Latvian nation in this case. The only thing you can do is to say that this is a myth and to say that it is a phantasmatic construct. For the construction of this phantasma, it doesn't matter if there were real Jews who were communists and part of the Soviet authorities. The problem is that people imagine Jews in a certain way and imagine Jews doing things in a certain way. So, then we have to ask: why? So, why is this particular notion so important for the Latvian identity?

Maybe people just don't want to see themselves as murderers. Because when it comes to the Holocaust, we can just say: "Okay, Jews got what they deserved. We had the right to revenge."

Katrin Stoll: This is a very important point: The anti-Semitic construct is used to justify one's own crimes against the Jews. In the case of Lithuania and Latvia, we have certain groups and organisations actively helping the German Nazis murder the Jews, shooting, murdering the Jews in the forest and elsewhere. In order not to admit the crime itself, people simply say "We took revenge because the Jews were the first who did something bad to us. We just took revenge and penalised them because they were supporters of communism." We see here the false notion of double genocide theory, the notion of a "red Holocaust" and a "brown Holocaust", amounting to an equalization of Soviet policies with the unprecedented Nazi persecution and extermination policy.

In the case of Latvia and Lithuania, Germans helped Latvians and Lithuanians to kill Jews because mainly, neighbours killed Jews in the forest.

Katrin Stoll: Yes. In September, I was travelling through
Belarus and Latvia. I visited many Holocaust burial sites and
sites of mass execution in the forests and it occurred to me that
without local people, the Germans would have never found
these spots and places. They needed collaborators. But this
is an important point: the notion of "Jewish Communism"
served as a justification for anti-Semitic crimes. The same
happened in Jedwabne, there it was also used as a justification
for the murder of Jews. The perpetrators make use of an
anti-Semitic idea in order to retrospectively justify their own
acts of murder. We can name several crimes and study the
mechanisms. And afterwards we have to deconstruct these
mechanisms.

**Would that work? I mean, if you deconstruct it,
you show to people the false things they believe, you
present them the historical reality. Will they listen or
will they just continue to ignore it? Would it be an
alternative to speak about the positive role that Jews
always had for the country?**

Katrin Stoll: No, that's completely wrong because again
we're not talking about real people, we're talking about a certain notion of what a Jew is, what a Jew does, what a Jew
thinks, what a Jew looks like, of a certain idea of being. You
have to destroy the concept, the narrative. You can only do
that if you are aware of the fact that it is a mental construct
with the element of a conspiracy at its core. I mean, there are
many anti-Semites who have never seen a real Jewish person.
I'm completely against this idea that you can fight any form
of racism, anti-Semitism, homophobia, xenophobia, by having
a real meeting with the people who are stigmatized because
this is not how it works.

**We were talking to the leader of the education pro-
gramme at the POLIN museum yesterday. She said**

that especially when she goes to rural villages, she often meets children who have no idea what Jews actually are, but they just get an impression because of how the adults talk about Jews - for example, a greedy person who doesn't want to share. She said that it is really helpful for them to meet Jews, so that they can learn that these are all just stereotypes.

Katrin Stoll: This just shows that we have a completely different understanding of how anti-Semitism functions. I believe, in agreement with Slavoj Žižek, that anti-Semites react to a certain image of "the Jew" that has been circulated in their tradition. The idea of the greedy Jew for example has circulated for centuries and people have internalised this idea. You have to destroy the idea. I mean, maybe you are lucky and in this case, the person meets somebody and thinks "Oh, it's a nice person." But what happens if she meets another person and thinks "This is a representation of the greedy type." This is not how you are able to get rid of anti-Semitic concepts.

In your opinion, is there anything we can do about these anti-Semitic projections, in order to fight them?

Katrin Stoll: We can fight them by demonstrating that they are false projections. The Holocaust perpetrators projected all kinds of things onto the Jews, calling them traitors, aggressors, dishonest, greedy people. The perpetrators projected these notions onto a whole group and this is also something that we have to understand about anti-Semitism and other forms of racism: the Nazis persecuted Jews as a group, they were persecuted independent of their social status. It did not matter if they had green eyes, blue eyes, if they were religious, non-religious Jews, if they were involved in a political party or not. For the Nazis, "the Jews" constituted a homogeneous group. Every individual was put in a certain group constructed by a Nazi mindset. If we want to fight these things, we have to start with language. Everybody has only one life and is an individual. And we have to teach critical thinking.

According to my personal experience, education can sometimes help against anti-Semitism. For example, I was socialised anti-Semitically in the kindergarten and until I was 14 or 15, I was an anti-Semite. Afterwards, I read some books about the Holocaust and I changed my mind.

Katrin Stoll: Yes, in Germany, people discuss the question of whether it makes a difference if people visit memorial sites and learn about the Holocaust, if a visit to a memorial site is a way of protection against all kinds of bad things like racism, anti-Semitism, and so on. I have my doubts because either you know that you don't murder a human being or you don't. If you don't know that, you won't learn it by visiting a memorial site. It's a decision that you make: in my view you need to become aware of the indoctrinations you have been exposed to, so that you have the chance to distance yourself from them. I think it's a matter of awareness, of critical reflection, critical thinking.

For me, it was a matter of education, of information.

Katrin Stoll: Okay, but generally speaking, I don't think that information helps. Let's take the example of the Holocaust deniers. These people are obsessed with details. Real Holocaust deniers know an awful lot about the facts themselves. For example, they argue that it's not possible to kill so many people in the gas chambers and so on. You cannot fight Holocaust denial on the level of facts, this is impossible. You have to ask: why do they make these statements in the first place? This is how you confront Holocaust deniers. What is their agenda, what are they up to?

In Latvia, every time when there is some news about a Holocaust memorial site or some commemoration ceremonies, all those people write in the commentary sections things like "Jews were not the only people killed, Roma were killed, or other groups". Do you think it's an expression of anti-Semitism?

Katrin Stoll: No, I think it's more an expression of this competition for victimhood, maybe, and the inability to comprehend the nature of the German Nazi Holocaust. Why was the murder of the European Jews different from the Nazi persecution of other groups? It was different because the Nazis attempted to murder every Jew on this planet. This was unprecedented because they tried to erase what they called "the Jewish spirit" – the Jewish spirit they imagined to be in all kinds of things – in language, in literature – in everything, so everything had to be erased completely – complete extermination. It's an inability, I think, to face the real nature of the events, an inability to confront reality.

Teresa Klimowicz

Teresa Klimowicz graduated from Paideia - The European Institute for Jewish Studies in Stockholm and from the Hochschule für Jüdische Studien in Heidelberg. She obtained a PhD in philosophy in Lublin. For more than ten years, she has been professionally involved in Holocaust education and multicultural education with her NGO "The Well of Memory", which is based in Lublin. She also works at the "Grodzka Gate - NN Theatre" Centre, a cultural institution in Lublin, where she researches the Jewish history of Lublin.
The interview took place in Lublin on January 31st, 2018.

Teresa Klimowicz: I think it's really intriguing how anti-Semitism serves as a function in the society throughout the ages in general and I guess it could be interesting to see whether it has the same function in all those different contexts that you are researching. I need to give you a little bit of background about who I am. I'm not an expert on anti-Semitism, I haven't been doing academic research on it, but I've been involved in Holocaust education and multicultural education in general for over 10 years in my small NGO, which is called the Well of Memory, from here in Lublin. For a couple of years now, I've been involved here at the Grodzka Gate centre where similar activities are taking place. I'm researching here the Jewish history of Lublin. I should also say that I'm not Jewish and that I am leftist. This is my perspective.
Poland has experienced the whole spectrum of anti-Semitism, starting with religious anti-Semitism. Since Poland is a Catholic country, that would be not necessarily Polish anti-Semitism, but rather Catholic anti-Semitism. This is based on blaming the Jews for the death of Christ.
Religious anti-Judaism later developed to become a more na-

tional concept, maybe in the 19th century when the concept of the nation was invented, so to speak. This birth of national identity also included here in Poland the aspect of anti-Semitism. I think the interwar period of Poland of the 20s and 30s would be the proper example for what was going on. Another aspect would be what was going on during the Second World War and the Holocaust and another aspect is something that was part of the post-war history of Poland, so anti-Semitism based on the association of Jews with communism, what we call in Poland *żydokomuna*. And then another aspect is what is going on today. Until two weeks ago, I would probably have said that the function that anti-Semitism used to play for the Poles is now exchanged for general xenophobia and in particular, in my opinion, Islamophobia, so I think that is becoming a bigger problem than anti-Semitism in Poland. Through the very recent events, we see however that anti-Semitism is being awakened again in Poland.

What about the period between the two world wars? What about the plan to resettle Polish Jews to Madagascar?

Teresa Klimowicz: These were the ideas of the right-wing parties in Poland. They were in the parliament, but not in the government. There was discrimination on different levels. A famous example is the so-called ghetto benches, so Jews were supposed to sit in a segregated place in class at university. There was numerus clausus at university, so only a certain number of Jews would be accepted. In the 30s, there were pogroms, and the independence of Poland was also followed by pogroms. In the 30s, there is a general wave of anti-Semitism all over Europe. I think it's important to remember that in many of those cases, it's not something particular about Poland. Both this Catholic anti-Semitism and this wave of anti-Semitism in the 30s are part of a larger problem with local variations.

I think the figure of "the Jew" in Poland in general serves as the figure of "the other" that helps to define a national identity. That's why it can be easily exchanged for something else, some other "other". Right now, it's refugees or Muslims or Ukrainians, especially here in Lublin because this is an important minority in this region. And whenever there is an issue that evokes this need for referring to "the other", the figure of "the Jew" appears also.

Dealing with Jewish heritage and Jewish history myself, I cannot say that I've experienced any violent anti-Semitism. It's rather a sort of myth based on some nuances of the language, like when a bird shits on the window of your car, you can say that you have a Jew on your car. Problems of this kind in the language were also researched by Professor Tokarska-Bakir. What has been going on in Poland for the last couple of days is the confrontation between the Polish version of the Second World War and the Israeli or Jewish version of the events. When you look at today's newspapers, all those myths about the Jews appear except for the one in which the Jews made matzah out of Christian blood: "Why do the Jews blame the Poles for the Holocaust? They are ungrateful, the Poles were rescuing the Jews, we have the biggest number of Righteous among the Nations. The government gives a lot of money for the restoration of the Jewish cemetery in Warsaw. Why don't the rich Jews pay for their cemeteries themselves? Also, let's not forget that the Jews were part of the oppressive system of communism, especially in the 40s." So we have the rich Jews, we have *żydokomuna*, and we have Jews as "the other".

You're talking about the new law to protect the good name of Poland.

Teresa Klimowicz: We had a law protecting the good name of Poland before. The new thing is to penalize accusations against Poles. If somebody claims that they took part in the crimes of the Third Reich, for example.

Like Jan Gross?

Teresa Klimowicz: For example, but there is a debate whether it would fall under those articles. Anyway, I think this kind of ideas is derived from Jan Gross' book "Neighbours". That was the book about Jedwabne that initially sparked this whole debate, together with several other books. Interestingly enough, the crimes at Jedwabne were also researched by the Institute of National Remembrance. They admitted that Poles participated in those crimes. The new law is connected to the same institution that actually admitted this. They try to make it about facts, but it's not about facts, it's about myths and the ways we want to remember things. There is a conviction of Jewish conspiracy in Poland where you don't need to be Jewish to be called or seen as a Jew. When you're successful and powerful, that could be enough.

Also, there have been competing versions of the past between the Jews and the Poles because the Poles see themselves as victims above anything else. A couple of years ago, I did an international project with people from Germany, Ukraine, Israel, and Poland. When we had a workshop about the position of each nation during the Second World War and the Holocaust, everybody wrote that they were victims. That was a very interesting experience. The Germans hesitated for a moment, but still, and everybody else had absolutely no doubts about the fact that they were victims of the war.

How did anti-Semitism develop after the Holocaust?

Teresa Klimowicz: Maybe Lublin is a good starting point because Lublin was the first city to be liberated by the Red Army already in July 1944. Lublin became a centre of the re-establishment of Jewish life in Poland. People that had survived in the Soviet Union and in the surrounding shtetls or camps would come to Lublin even before Warsaw was liberated. During the Warsaw Uprising, Jewish institutions were already being created here in Lublin in August 1944.

For example, Abba Kovner with his Nakam group was also in Lublin.

Teresa Klimowicz: Right. There were Jewish committees that moved to Łodz and Warsaw after the whole of Poland was taken over by the victorious army. They became like a base for self-government within communist Poland. In the beginning, the communists had an idea of creating a more open society. Their politics towards minorities in Poland had evolved. Their statements in the beginning were to provide full rights to the Jews in this newly established political system. But this very soon changed into a persecution, which was represented by the centralisation of different institutions. It was not applied only to the Jewish community, though. Some historians even claim that the Jewish community was privileged in communist Poland over the Ukrainian community, Łemkowie or other minorities. There were certain Jewish institutions functioning, for example the central Jewish committee, which later became a secular institution. That was cancelled in 1950 and another Jewish institution was created, the Towarzystwo Społeczno-Kulturalne Żydów w Polsce, the so-called TSKŻ. Parallelly, there was a religious organisation called Kongregacje Wyznaniowe. These two institutions were functioning in Poland throughout the whole communist time.
On the other hand, in the 40s in Lublin region, there were still pogroms, especially in Parczew, but there were also attempts at pogroms here in Lublin, so many people would flee from this area, first of all because a bigger part of the Jewish community were refugees from the Soviet Union. They were just in transit to other parts of Poland or other parts of the world. Still, it's important to stress that Lublin region was, apart from Kielce region, the area where most of the pogroms of the 40s occurred. Another important point is the anti-Semitic campaign of 1968, which is also a case of competing memor-

ies because for the Poles, March 1968 is a glorious event of student strikes and the formation of the opposition, whereas in the Jewish experience, it's mainly a factor contributing to another wave of forced emigration. On the one hand, this anti-Semitic campaign was a political play between different factions of the leading party and on the other hand, it was a propaganda wave in newspapers all over Poland, also in local newspapers like here in Lublin.

Was the background of the discourse of emigration the Six-Day-War?

Teresa Klimowicz: It started with the student strikes. In Warsaw, they banned the performance of a play by Adam Mickiewicz titled Dziady, which is important for the Polish identity. It was considered anti-Russian, so it was banned. Then, the students of the University of Warsaw went on strike and protested the censorship. That's how the riots began. Within the party, there was a propaganda that was probably intentional, it's quite a complex issue. They were saying that those that started the strikes are Jewish or have Jewish parents, that they are banana youth, and that they should get back to their studies instead of protesting. Banana youth was a term in opposition to the workers because bananas were an exclusive product. Only those people from the intelligentsia, who were well-off supposedly, could afford them. This was used as an argument against the students, that they are pretty well-off, that they protest against a system that is created for the promotion of the working class, and that they are Jewish. Actually, they were not called Jewish, it was disguised as anti-Zionism. There were protests with people carrying flags saying "Zionists to Zion". Supposedly, these demonstrations were organised by the party.

This is the main narrative of historical writing today: On the one hand, there were the students that represent true Polishness, on the other hand, there are these people inspired by

the governing party holding anti-Zionist flags. All the newspapers would also refer to the military conflict in the Middle
East because it all started in the international background of
the Six-Day-War. Several layers of issues were in picture in
March 1968 because of the political situation in the world and
the involvement of the United States and the Soviet Union in
the conflict in the Middle East. Poland had to take the same
position in that situation as the Soviet Union and it became
connected with those student protests against censorship.

Now from the Jewish perspective, hundreds of people were
forced to leave the country. There was a famous speech by
Gomułka in which he was saying that we are happy to give
emigration passports to those people who consider Israel their
fatherland. This was a credible statement that they should
leave. They were given one-way passports, so once they had
left, their Polish passport would be taken away and their citizenship was cancelled. Again, the Poles saw it in a different
way because many people wanted to leave Poland and they
couldn't, so in the testimonies that we gather, I also hear that
people thought that the Jews were lucky to leave, privileged
even. Even I, when I'm writing about this March 1968, I have
a problem to put it together and to create one narrative because there seem to be two different experiences, the glorious
one for the Poles and this fear of expulsion, of being rejected
for the Jews.

This was truly a nail in the coffin for the functioning of Jewish communities. Usually, we think it was the Holocaust that
ended the Jewish presence in Poland, but I think it happened
in March 1968. Today we don't even know how many Jews
live in Poland because the statistics differ a lot. According
to official statistics where you declare your nationality, there
are about 1000 people declaring that they are Jewish. This is
not reliable, though, because many people have Jewish roots
and don't consider themselves Jewish or they just don't want
to admit it. The Jewish community of Warsaw, for example,

counts 700 people. In Lublin, we don't know either because we don't have a separate Jewish community, it's a branch of Warsaw Jewish community.

Is there such a thing in Poland as not considering Jews as a part of Polish society?

Teresa Klimowicz: Yes and no at the same time, I think. There is a huge debate about that on the example of the POLIN Museum of the History of Polish Jews in Warsaw, which is supposedly showing the history of Polish Jews. Those who criticize it say that it's rather presenting the history of Poland with some Jewish aspect. The problem is again that there are competing memories between the Jewish experience and the Polish experience concerning events both hundreds of years ago and more contemporary ones. On the other hand, there has been, I believe, deliberate politics from 1989 onwards to include Jewish heritage into the narrative of many places in Poland, little towns, shtetls, to confront them with their Jewish past.

That's very interesting because, for example, in Latvia there is an opinion that Jews are separate. It's very difficult to explain to people that the Jews that died during the Holocaust were actually neighbours, they were citizens of Latvia. People just don't accept this fact. How would you deal with it, how would you explain to people that those people were not strangers, but neighbours?

Teresa Klimowicz: In fact, this is what I'm doing with the NGO "The Well of Memory". We have a project supported by the Ministry of Culture and National Heritage, which is currently right-wing. We have a sizeable amount of money now to work with Jewish cemeteries. I have a feeling that I have found the key to talking to people in different places in the province and to convince them that the Jews were part of the history of their own town and had connections to their families. Going to the Jewish cemetery, engaging the school, the local government, the local media, and so on, bringing attention to those places, it seems to work. Pointing out to people the abandoned Jewish cemetery close to them and telling them that it's their responsibility to take care of it, I think this is something that can work and unblock things. This is my ideal. I think it's also important from the Israeli perspective. When they come here, I can tell them about our common heritage. In Israel, they also have a different narrative, they are focused on the new state in Palestine, so they are not being educated that much about the heritage they had in the diaspora. Sometimes, I must explain to them important Talmudists of Lublin. They don't have a clue about that because they are not necessarily religious, either.

Is there a widespread sentiment in Poland that Jews got what they deserved?

Teresa Klimowicz: I know that's what some people in Israel think, I've been talking about that with my Israeli friends recently, but I don't think this is the general feeling of the Poles. I think with the Holocaust it's rather about this competition of victims, so they were the victims, we were also the victims. People want to hear an acknowledgement of general suffering of the Poles, I believe. I don't think missing knowledge about the Holocaust is a problem in Poland, either. Remembering my own education, living in Lublin and in the shadow of Majdanek, so to speak, I think the awareness of the fact that the Holocaust took place and that it was important is clearly there. The problem is rather the connection to the fact that the Jews that died during the Holocaust were the neighbours that lived in the same street of Lublin. The narrative of the Holocaust was created in a way centralised around Auschwitz mainly. Even the camps of Aktion Reinhardt, which are in

Lublin region, are still forgotten in many ways. That's why it became an abstract idea, not something connected to the place you live in. Another Lublin example: There was a murder in Lublin of a guy that survived Bełżec, Chaim Hirschmann. He was killed on the streets of Lublin in the 40s and now the debate is whether he was killed by the Polish Home Army. Lublin was already liberated then, so the question is whether he was killed because he was Jewish or because he was thought to be a member of the secret police.

Emilia, Esther, Gennadiy, Margaretha, and Sophia

Emilia, Esther, Gennadiy, Margaretha, and Sophia are involved in the Jewish youth centre in Trier. Gennadiy and Sophia, both 23 years old at the time of the interview, manage the youth centre. Emilia (then 18), Esther (then 19), and Margaretha (then 19) introduce Jewish children into Judaism as madrichim (meaning "guide" or "leader"). Emilia's parents are from Ukraine and emigrated to Beta Tikva, Israel during the 90s. She was born in Israel and came to Trier as a small child. Esther was born and has grown up in Trier. Gennadiy grew up in Trier. He studies in Kaiserslautern and lives in Trier. Margaretha was born in Kiew and came to Trier as a small child. She has lived there ever since. Sophia was born in Chernivtsi, Ukraine, and came to Kaiserslautern as a small child. She grew up there and moved to Trier in 2014 for her studies.
The interview took place in Trier on September 23rd, 2018.

Habt ihr jemals persönlich Erfahrungen mit Antisemitismus gemacht?

Emilia: Ich wurde nie körperlich angegriffen, aber ich habe zwei Vorfälle erlebt. Der eine Vorfall war in der Grundschule. Meine Eltern wollten mich an einem jüdischen Feiertag beurlauben lassen, um nach Israel zu fahren. Als wir schon in Israel waren, kam ein Brief von der Direktorin zu uns nach Hause, in dem stand, dass sie den Feiertag nicht anerkennt. Das ist ein Feiertag im Judentum und wir Juden können uns da auch beurlauben lassen, aber die Direktorin hat das nicht akzeptiert. Ich weiß nicht, ob wir eine Strafe zahlen mussten, aber es war krass, dass sie den Feiertag nicht anerkannt hat. Der andere Vorfall war vor ein paar Monaten. Mich hat eine wildfremde Person auf Instagram angeschrieben. Ich habe einen Screenshot davon gemacht: „Du hässliches verfluchtes Wesen, du wurdest also auch von deiner Mutter in den Arsch gebumst. Du Dreckige ekelst mich richtig an, ich zähle schon die Tage, wo ihr Juden in die Hölle kommt." Also, das fand ich halt schon ziemlich krass, was die gesagt hat. Vor allem, da ich diese Person überhaupt nicht kenne und nicht weiß, warum sie mich auf einmal angeschrieben hat.

Hast du auf die Nachricht geantwortet oder sie ignoriert?

Emilia: Ich habe sie ignoriert, einen Screenshot davon gemacht und in einer Gruppe von Likrat davon geschrieben. Die haben gesagt, ich muss damit auf jeden Fall zur Polizei. Ich bin dann zur Polizei gegangen und habe eine Anzeige erstattet.

Wie hat die Polizei darauf reagiert?

Emilia: Sie fanden das auch richtig krass. Die Reaktion, während ich da war, war angebracht, die waren selbst total schockiert. Aber als dann ein Brief kam, dass sie diese Person nicht finden konnten auf Instagram, da denkst du, eigentlich findet man auf Instagram leicht diese Leute, auch wo die wohnen, einfach durch die IP-Adresse. Das hat mich schon gewundert, ich wollte aber nicht weiter darauf herumhacken.

Weißt du, ob deine Anzeige in die Bereiche politische Kriminalität und Antisemitismus einsortiert wurde?

Emilia: Das wurde unter Volksverhetzung eingetragen.

Du hast gerade eben den Daumen hochgehalten, als sie gesagt hat, dass sie nicht auf die Nachricht reagiert hat. Warum findest du das gut?

Sophia: Weil das einfach nur Internet-Hate ist und solche

Menschen darauf aus sind, ganz viele Leute anzuschreiben, copy paste, und nur provozieren wollen. Ich glaube schon, dass diese Person spezifisch Leute ausgesucht hat. Manchmal kann man Interessen an einem Account erkennen, wenn Emilia z. B. verschiedene Sachen verlinkt hat. Da kann man eins und eins zusammenzählen. Die machen das fast aus Marketinggründen, um irgendwie Aufmerksamkeit zu schaffen. Dann gucken sich Leute dein Profil an und finden vielleicht irgendetwas, was sie als Konsument interessant finden. In diesem Fall vielleicht nicht, aber es passiert aus einem bestimmten Grund. Das ist so richtiger Hate-Trash, darauf sollte man am besten nicht reagieren, wenn es anonym ist und man die Person nicht kennt. Wenn es in deinem direkten Umfeld passiert, wenn du die Person kennst, wenn diese Person eine wichtige Bedeutung in deinen Augen hat, z. B. beruflich oder in der Schule, dann ist es etwas ganz Anderes.

Margaretha: Bei mir gab es einen Vorfall in der fünften oder sechsten Klasse. Da war ich noch auf einer Realschule. Wir hatte gerade in Ethik das Thema Religion und dann auch das Thema Judentum. In der Klasse war ein muslimischer Junge, der irgendwann gefragt hat, ob wir eigentlich Juden auf der Schule haben. Ich hatte niemandem erzählt, dass ich jüdisch bin. Die Lehrerin hat gemeint, sie kennt niemanden, aber bestimmt gibt es Juden auf der Schule. Dann hat er gemeint, wenn er einen sieht, dann tötet er seine gesamte Familie, dann bringt er alle um. Das war noch ein Kind, da habe ich mir schon gedacht, was soll das eigentlich, und dann hatte ich ein bisschen Angst und blieb bei meinem Vorhaben, niemanden etwas zu erzählen. Dann habe ich die Schule gewechselt und ein paar Jahre lang keinem in meiner Klasse etwas gesagt, eigentlich aus diesem Grund. Es hat halt niemanden zu interessieren. Nach einiger Zeit habe ich aber gemerkt, dass die Leute da ein bisschen anders sind als auf meiner alten Schule. Meinen Freunden gegenüber habe ich mich dann geöffnet, also nach ein paar Jahren erzählt, so, ich gehe jetzt in die Synagoge. Die haben ganz anders reagiert, die fanden das alle cool und waren sehr offen. Wenn auf Instagram etwas über das Judentum gepostet wird, findet man in den Kommentaren immer richtig ekelhafte Sachen.

Im Netz findet man generell unter öffentlichen Posts solche Sachen. Ich melde die dann immer direkt und hoffe, dass sie blockiert werden. Manchmal kriege ich eine Nachricht, dass etwas erfolgreich gemeldet wurde, aber ziemlich oft auch nicht. Ich habe mir nie richtig angeguckt, was die Leute schreiben, aber irgendwann hat es mich so genervt, dass ich angefangen habe, die Leute alle nacheinander zu melden. Wenn ich so etwas sehe, gehe ich ganz schnell auf das Profil und klicke melden. Viel Aufwand ist das nicht.

Emilia: Ich würde etwas zu meinem Instagram-Vorfall ergänzen. Ich habe das auch gemeldet, aber dann kam die Antwort, dass sie nichts Schlimmes gefunden haben. Das war schon komisch. Es standen ja eindeutig echt nicht gute Sachen drin.

Sophia: In der Grundschule hatte ich einen Mitschüler türkisch-muslimischer Herkunft in meiner Klasse. Ich weiß nicht, woher ein siebenjähriges Kind so viel Hass auf mich hatte, nur weil er wusste, dass ich jüdisch bin. Er hat mich jahrelang unglaublich fertig gemacht, nicht nur deswegen, einfach, weil er mich nicht gemocht hat, aber unter anderem hat er mich sehr oft damit aufgezogen, dass ich jüdisch bin. Manchmal haben wir uns dann in die Haare bekommen, auch körperlich, das waren so Kindersachen. Ich fand es erschreckend, weil der Junge aus einer akademischen Familie kommt, sein Vater ist ein krasser Geschäftsmann, der ihm beigebracht hat, ganz viele Bücher zu lesen. Witzig ist, dass wir dann noch auf dasselbe Gymnasium und wieder in dieselbe Klasse kamen. Das war für mich der Horror. In der siebten, achten Klasse habe ich dann mitbekommen, dass er *Krieg und Frieden* liest und solche Sachen. Je älter er wurde, desto aufgeklärter wurde er wahrscheinlich. Dann kam nie mehr etwas in dieser Richtung und er war relativ respektvoll.

Hat er sich jemals entschuldigt, habt ihr euch ausgesprochen?

Sophia: Nein, wir waren relativ kühl zueinander in der Schulzeit. Heute sehe ich, dass er sich immer meine Insta-Story anguckt. Ich mache sehr viel Kunst, ich zeichne sehr viel. Dafür interessiert er sich. Das ist das Paradoxe. Mehr Kontakt haben wir nicht. Ich würde mich gerne einmal mit ihm treffen. Ich würde einfach gerne von ihm wissen, woher er diesen Hass hatte. Einige Leute haben mir gesagt, dass der Antisemitismus in den arabischen Ländern unter anderem deshalb existiert, weil die Nationalsozialisten das sehr stark verbreitet haben. Das hat sich etabliert, steht in Schulbüchern und den Kindern wird von klein auf dieses Klischee beigebracht.

Haben in der Grundschule deine Eltern mit den Lehrern oder mit seinen Eltern gesprochen?

Sophia: Ja, das wurde alles besprochen, aber das hat zu nichts geführt. Ich habe auch nie großartig versteckt, dass ich jüdisch bin. Mir wurde aber ständig gesagt, ich sollte das verstecken. Mein Vater hatte ein bisschen Angst. Er ist selbst nicht jüdisch, er hat immer gesagt, sei vorsichtig. Meine Mutter hat mir immer Stolz beigebracht, du darfst dich nicht unterkriegen lassen. Als Jugendliche mit etwa 13 Jahren kannte ich ein Mädel, die 6, 7 Jahre älter als ich war. Zu ihr habe ich hochgeguckt. Wir waren mit einer Gruppe von Jugendlichen und jungen Erwachsenen auf einer Gedenkfahrt zu einem KZ in Frankreich. Wir waren die einzigen zwei Juden. Sie hat gesagt, sag auf keinen Fall jemandem, dass du jüdisch bist. Ich kam damit nicht klar und habe das nicht verstanden und habe es trotzdem den Mädels erzählt, mit denen ich mich dann angefreundet habe. Die fanden es dann cool, aber solche Tendenzen gibt es auch, dass man ständig dieses Bedürfnis hat, sich zu verstecken.

Esther: Meine Eltern haben mir von klein auf gesagt, ich
soll ein bisschen vorsichtig sein, z. B. an der Grundschule nie
angeben, dass ich dem Judentum angehöre. Ich war dann im
Ethik-Unterricht. Ich habe dementsprechend keine Probleme
gehabt, weder in der Grundschule noch im Gymnasium. Ich
hatte auch sehr viele Freunde mit muslimischem Hintergrund.

Emilia: Ich habe immer angegeben, dass ich jüdisch bin. Meine Eltern sagen auch immer, ich soll aufpassen. Ich soll nicht
verschweigen, dass ich jüdisch bin, aber es kommt natürlich
auf die Situation an. Ich soll halt nicht die Nase hochziehen
und sozusagen überall prahlen, dass ich jüdisch bin. Das habe
ich auch nie gemacht, nur früher sehr oft nebenbei erwähnt,
dass ich jüdisch bin. Heute ist es nicht das erste, was ich sagen
würde, wenn ich mich vorstelle, sagen wir es mal so. Meine
Eltern sagen auch oft, dass ich nicht meinen Davidstern anzie-
hen soll. In die Synagoge ziehe ich relativ oft einen Davidstern
an, aber in der Öffentlichkeit sagen sie meistens, ich soll es
verstecken oder gar nicht tragen.

Gab es bei dir nur diesen einen Vorfall?

Sophia: Das war das Heftigste, glaube ich. Alles andere war
nicht direkt krass antisemitisch. Das waren Äußerungen von
Leuten, die nicht aufgeklärt genug sind oder sich nicht wirklich dafür interessiert haben. Sehr oft hat das damit zu tun,
dass Leute alles über einen Kamm scheren und mich gleich
mit Israel assoziieren. Es kommt auch sehr oft vor, dass Leute
sagen, dass ich der einzige Jude bin, den sie je kennengelernt
haben.

**Finden sie das dann gut, schlecht, interessant oder ist
es ihnen egal?**

Sophia: Den meisten ist es ganz und gar gleichgültig. Manche interessieren sich dafür oder haben schon Hintergrundwissen. Dann ist es eine ganz andere Kommunikation, sehr locker. Heutzutage ist es ja so, dass viele sagen, dass es ihnen egal ist, welche Sexualität, welche Hautfarbe, welche Herkunft du hast, wichtig ist, wie du als Mensch bist. Sehr oft wird dadurch dein Hintergrund ignoriert, aber ich nehme es nicht so radikal. Es gibt viel krassere Sachen in Deutschland, harten Rassismus z. B. Das ist viel brutaler, finde ich.

Wurdest du in deiner Kindheit und Jugend mit Antisemitismus konfrontiert?

Esther: Es gab Momente, in denen die Aufgeklärtheit gefehlt hat, aber das war kein Antisemitismus. Man hat manchmal bemerkt, ok, die einen sind mehr auf der palästinensischen Seite, die anderen mehr auf der israelischen. Da spiegelt sich dann immer dieser Konflikt wider.

Hast du persönliche Erfahrungen mit Antisemitismus gemacht?

Gennadiy: Gott sei Dank nicht. Ich hoffe, das bleibt auch so.

Wo und wie hat ihr etwas über das Judentum, über jüdische Geschichte gelernt? Von euren Eltern, über die Gemeinde, über die Schule?

Esther: Ich habe das von Anfang an eher im Jugendzentrum gelernt. Dann war ich noch für ein paar Jahre beim Religionsunterricht. Im Jugendzentrum habe ich deutlich mehr gelernt und mich auch mehr dafür interessiert und selbstständig etwas dazu nachgeschaut. In der Schule wurde das Thema Judentum kaum behandelt. Ich habe immer gehofft, dass das Thema Judentum drankommt, aber das wurde immer nur kurz erwähnt, genauso wie der Buddhismus. Jetzt in der 13. Klasse geht es

um den Holocaust, aber das Judentum als Religion habe ich in
keinem einzigen Fach durchgemacht, zur jüdischen Geschichte
auch nur Holocaust.

Gennadiy: Das meiste, was ich zum Judentum gelernt habe, kam sogar erst nach dem Abitur. Das Thema Judentum
hatten wir wenn dann nur im Vergleich, niemals an sich, weder in Ethik noch in Geschichte noch sonst wo. Das Thema
Nationalsozialismus kam natürlich dran in der 10. Klasse und
13. Klasse, die Judenverfolgung wurde aber nie ausführlich besprochen.

Emilia: Ich habe in der Schule nichts Neues über das Judentum gelernt, vielleicht ein paar Einzelheiten zum Thema Holocaust. In Ethik musste ich sogar manchmal den Unterricht
machen sozusagen, weil der Lehrer mich immer etwas gefragt
hat. Bei meinem Bruder hat der Lehrer letztens sogar etwas
Falsches gesagt, was mein Bruder dann korrigieren musste. Ich
bin jetzt auch in jüdischer Religion. Da lerne ich etwas über
das Judentum, im Jugendzentrum auch, vom ganzen jüdischen
Umfeld. Mein Papa ist etwas religiöser, er hält z. B. die Spei-
segesetze ein.

Margaretha: Wir hatten in der Schule in Ethik immer ganz
kurz das Thema Judentum. Einer hat ein Referat über das
Judentum gehalten, einer über den Buddhismus, dann war das
Thema wieder abgehakt. In der zehnten Klasse gibt es bei uns
an der Schule Projekte zum Holocaust-Gedenktag, z.B. kann
man nach Hinzert in die Gedenkstätte fahren. An einem Abend
trifft sich die gesamte Stufe in der Aula und man stellt vor, was
man gemacht hat. Das gibt es aber nur bei uns. Das finde ich
auch ganz gut, aber zum Judentum an sich habe ich eigentlich
alles durch das Jugendzentrum gelernt. Dafür machen wir das
auch, damit jüdische Kinder etwas über ihre Wurzeln lernen.
In der Schule lernt man das nicht und zu Hause ist auch nicht
jeder besonders religiös.

Bei dir?

Sophia: Bei mir auch durch die Eltern, am meisten durch
meine Mutter. In Kaiserslautern bin ich in unsere jüdische
Gemeinde gegangen, wir haben keine Synagoge. Dort hatte
ich Religionsunterricht. Ich war ein-, zweimal auf Machane.
Wenn ich über die Schule reflektiere, regt es mich auf, dass
es, falls überhaupt etwas vom Judentum erzählt wird, immer
in der Opferrolle oder als eine Art Fremdkörper dargestellt
wird, der vollkommen vernichtet wurde. Immer, immer wieder diese Opferrolle. Dass das Judentum ein sehr wichtiger
Teil von Deutschland war und noch immer ist, fällt unter den
Tisch. Es gibt noch immer Floskeln im Deutschen, die aus
dem Jiddischen stammen, oder sogar Essensgewohnheiten. Die
Menschen, die damals vernichtet wurden, waren ganz normale Deutsche. Es kommt dann wirklich auf den Lehrer an. Wir
hatten im Deutschunterricht eine super Lehrerin, die immer
erwähnt hat, wenn der Autor Jude war. Die war eine sehr auf-
geklärte Frau, vielseitig interessiert, auch an Israel, Kibbuz
und so weiter.

Haben eure Eltern euch etwas von antisemitischen Er-
lebnissen erzählt?

Sophia: In der Sowjetunion war das ständig, allein schon,
wenn du in der Sowjetunion deinen Pass geöffnet hast und da
schon stand, dass du Jude bist. Meine Mutter hat mir erzählt,
dass sie deswegen an der Uni manchmal nicht durchgelassen
wurde, obwohl sie Klassenbeste war. Wenn sich jüdische Gruppen formiert haben, nicht politisch, einfach jüdische junge Er-
wachsene, Studenten, die sich getroffen haben und zusammen
getrunken, erzählt, dann wurden sie vom KGB abgehört, weil
das als jüdische Verschwörung galt. Meine Eltern haben mir
auch erzählt, dass die Leute sich alle partiell als gleich angesehen haben, weil alle gleich arm waren und dieselben Defizite
ertragen mussten. Es war nicht dieser harte Antisemitismus,

nicht vergleichbar mit dem, was ich jetzt aus der Ukraine gehört habe, wo wirklich schlimme Sachen passieren und die halb wieder zur Fascho-Nation wird. Alte Bekannte meiner Eltern haben mir erzählt, dass an der Synagoge in der Stadt, wo ich geboren wurde, ein Hakenkreuz ist. Straßen werden nach alten Faschisten wie Stepan Bandera benannt. Meine Eltern sind sehr erschreckt und wirklich froh, dass sie hier in Deutschland sind. Ich auch. Ich muss schon sagen, dass die Deutschen sich Mühe geben, die Erinnerungskultur ist ihnen wichtig. Was hier als Selbstverständlichkeit gilt, ist es in anderen Ländern nicht.

Emilia: Mein Papa hat mir erzählt, dass seine Oma immer heimlich in die Synagoge gegangen ist, um für Pessach Matzot abzuholen. Er ist auf Schulen gewesen, auf denen fast nur jüdische Schüler waren, deswegen war das kein Problem.

Esther: Meine Eltern haben auch erzählt, dass man immer Klassenbester sein musste, ansonsten hat man viel weniger Chancen gehabt, auf einer guten Schule angenommen zu werden. Von meiner Mutter habe ich auch gehört, dass der Freundeskreis automatisch jüdisch war, nicht weil man sich mit den anderen nicht verstanden hat, sondern weil man dadurch eine Art Zweitfamilie hatte mit derselben Vorgeschichte, der man nichts erklären musste.

Gennadiy: Meine Eltern haben mir nur erzählt, dass die Religion in der Sowjetunion kein großes Thema war. Sie wurde nicht unterdrückt, aber sie wurde sozusagen nicht laut ausgesprochen, nicht gelebt. Deshalb konnten mir meine Eltern nicht viel weitergeben. Ich vermute, dass es in Russland zumindest in den Großstädten jetzt anders ist, es gibt in Moskau z.B. eine jüdische Universität. Die Ukraine ist ein anderer Fall.

Wie kann man eurer Meinung nach am besten gegen Antisemitismus vorgehen?

Emilia: Das Projekt Likrat habe ich schon erwähnt. Likrat ist
eine Begegnung zwischen gleichaltrigen jüdischen und nichtjü-
dischen Menschen, um Vorurteile abzubauen. Dieses Projekt
läuft seit zwei Jahren. Da nehmen jüdische Jugendliche mehr-
mals im Jahr an Seminaren teil und werden dann an Schulen
geschickt. Die Schüler können Fragen zu jüdischen Themen
stellen, aber auch alltägliche Fragen, damit man ins Gespräch
kommt und merkt, dass die Juden gar nicht anders sind als die
anderen. Das klappt bis jetzt ganz gut, ich habe von keinen
negativen Erfahrungen gehört. Ich glaube, das ist eine sehr
gute Möglichkeit, Vorurteile abzubauen und ein Schritt in die
richtige Richtung.

**Glaubst du, dass es sinnvoller ist, sich an junge Leute
zu wenden, weil die noch nicht so festgefahrene Vorurteile haben?**

Emilia: Junge Leute sind einfacher zu beeinflussen, ältere sind
oft sturer. Ich denke aber, dass man auch bei den Älteren noch
die Vorurteile abbauen kann.

Margaretha: Ich denke, es ist ein ziemlich guter Weg, Leute zu melden, die im Internet Hassreden verbreiten. Die werden dann hoffentlich gelöscht. Dann beeinflusst das niemanden
mehr, vor allem Kinder, die nicht verstehen, ob das stimmt,
was Leute im Internet verbreiten. Ich denke, jeder Mensch sollte das melden, auch Nichtjuden.

Esther: Ich habe vor einigen Tagen bei uns an der Schule
den Religionslehrern Bescheid gesagt auf einer Fachkonferenz,
dass ich in den Unterricht genommen werden kann, falls sie
das Thema Judentum durchnehmen. Ich habe ihnen gesagt,
dass ich Jüdin bin und dass die Kinder einfach normale Fragen
stellen können, angelehnt an das Projekt Likrat.

Gennadiy: Die Medien haben auf alle einen verdammt großen

Einfluss, ob es die Tagesschau ist um 20.15 Uhr oder Spiegel Online bei Facebook um 8 Uhr morgens. Die heutige Kritik am Staat Israel ist irrational. Die Überschriften sind wahr, aber die Abfolge der Taten stimmt nicht. Erst wenn man den Artikel öffnet, erkennt man im zweiten Absatz, was tatsächlich passiert ist. Aber wenn wir ehrlich sind, öffnen wir nicht viele Artikel, wenn wir mit dem Smartphone bei Facebook rumscrollen. Wir lesen nur die Überschrift und dann tun wir so, als ob wir die größten Kritiker dieser Welt sind und geben das dann weiter.

Margaretha: Ich denke, der moderne Antisemitismus, der vor allem aus der muslimischen Richtung kommt, konzentriert sich auf Israel. Früher ging es um Geldgeschäfte und die jüdische Weltverschwörung und andere komische Vorurteile. Heute ist es meist politisch.

Hast du noch eine Idee, wie man Antisemitismus bekämpfen kann, nicht nur persönlich?

Sophia: Durch Aufklärung, indem man miteinander ins Gespräch kommt und gemeinsame Aktivitäten macht. Das ist sehr idealistisch gesprochen, daran muss man einfach arbeiten. Juden sollten auch stolz sein und vollkommen selbstbewusst. Das war bei uns allen ein Problem, wir hatten Angst, das so zu benennen. Dass man ins Jugendzentrum geht und da einfach mit anderen jüdischen Jugendlichen zusammen ist und selbst so sein jüdisches Bewusstsein aufbaut, das ist eine super Sache. Wenn ich aber an Leute denke, die die AfD wählen, rassistische oder antisemitische Vorurteile haben, dann sind das sehr oft Leute, die nie in ihrem Leben einen Juden gesehen haben und immer noch ein komisches Konstrukt in ihrem Kopf haben. Vieles hat meiner Meinung nach auch mit Angst zu tun und Angst verursacht Hass. Deshalb muss man einfach nur aktiv werden, egal in welchem Bereich.

Sophia: Es gibt sogar spezielle AfD-Seiten, die Leute anspornen, ganz viele Hasskommentare zu veröffentlichen, egal unter welchem Thema. Dagegen muss man wirken und das dann blockieren oder melden.

Welche Art von Aufklärung glaubt ihr ist wirkungsvoller, dass man mehr über das Judentum lernt, z. B. die Realität des Judentums hier in Trier, oder dass man mehr lernt über die Verbrechen, die an Juden begangen wurden?

Gennadiy: Was früher passiert ist, ist ein eigenes Kapitel. Das muss man individuell abarbeiten. Man kann das nicht als Werkzeug benutzen. Was heute passiert, muss man anders schaffen.

Bibliography

[1] *Anti-Defamation League Global 100 Survey*. URL: https://global100.adl.org/ (visited on 22/07/2019).

[2] Heiko Beyer. "Theorien der Antisemitismusforschung: Eine Systematisierung". In: *Kölner Zeitschrift für Soziologie und Sozialpsychologie* 67 (2015), pp. 573–589.

[3] P. Bolin. *Between National and Academic Agendas: Ethnic Policies and 'National Disciplines' at the University of Latvia, 1919-1940*. Huddinge and Stockholm: Södertörns Högskola, 2012. URL: https://www.diva-portal.org/smash/get/diva2:558439/FULLTEXT01.pdf (visited on 24/07/2019).

[4] Pierre Bourdieu. "L'identité et la représentation". In: *Actes de la recherche en sciences sociales* 35 (1980), pp. 63–72.

[5] *ECRI Report on Latvia: (fifth monitoring cycle): Adopted on 4 December 2018*. 5th Mar. 2019. URL: https://rm.coe.int/fifth-report-on-latvia/1680934a9f (visited on 25/07/2019).

[6] *Experiences and perceptions of anti-Semitism: Second survey on discrimination and hate crime against Jews in the EU*. 2019. URL: https://fra.europa.eu/en/

publication / 2018 / 2nd - survey - discrimination -
hate-crime-against-jews (visited on 22/07/2019).

[7]   "For Latvia Jewish property restitution, 40-million-euro compensation proposed". In: *Baltic News Network* (12th June 2019). URL: https : //bnn-news . com/to-compensate - jews - for - property - confiscated- in-occupied- latvia-40-million- euro- compensation-proposed-201901 (visited on 12/08/2019).

[8]   Antra Gabre. "Herberta Cukura izglābtās ebrejietes meita mātes dzimtenē pateicas glābēja ģimenei". In: *Neatkarīgā Rīta Avīze* (23rd May 2019). URL: https : // nra . lv / latvija / 281542 - herberta - cukura - izglabtas - ebrejietes - meita - mates - dzimtene - pateicas - glabeja - gimenei . htm (visited on 12/08/2019).

[9]   Z. Gross and E. D. Stevick, eds. *As the Witnesses Fall Silent: 21st Century Holocaust Education in Curriculum, Policy and Practice*. Heidelberg et al.: Springer Cham, 2015.

[10]   Irena Grudzinska-Gross. "The Backsliding". In: *East European Politics and Societies and Cultures* 28.4664-668 (2014).

[11]   Thomas Haury. *Antisemitismus von links: Kommunistische Ideologie, Nationalismus und Antizionismus in der frühen DDR*. Hamburg: Hamburger Edition, 2002.

[12]   "Izbeidz lietu pret Herbertu Cukuru par iespējamo līdzdalību ebreju iznīcināšanā". In: *LSM News* (14th Feb. 2019). URL: https : // www . lsm . lv / raksts / zinas / latvija / izbeidz - lietu - pret - herbertu - cukuru - par - iespejamo- lidzdalibu- ebreju- iznicinasana . a309556/.

[13]   Maria Janion. *Die Polen und ihre Vampire: Studien zur Kritik kultureller Phantasmen*. Frankfurt a.M.: Suhrkamp, 2014.

[14] Kotowski, E. V., Schoeps, J. H., & Wallenborn, H., ed. *Handbuch zur Geschichte der Juden in Europa.* Wissenschaftliche Buchgesellschaft., 2001.

[15] Harry C. Merritt. *In the Fight, yet on the Margins: Latvian Jewish Red Army Soldiers.* Ed. by Peripheral Histories. 11th June 2019. URL: `https : / / peripheralhistories.wixsite.com/mysiteok/blog/ in - the - fight - yet - on - the - margins - latvian - jewish-red-army-soldiers` (visited on 02/08/2019).

[16] Thomas Misco. "Holocaust History, Memory and Citizenship Education: The Case of Latvia". In: *As the Witnesses Fall Silent.* Ed. by Z. Gross and E. D. Stevick. Heidelberg et al.: Springer Cham, 2015, pp. 337–356.

[17] *Naida runa un vārda brīvība: Tiesu prakse krimināllietās par Krimināllikuma 74., 78., 150.* 22nd Oct. 2018. URL: `http://www.at.gov.lv/files/uploads/files/6_ Judikatura/Tiesu_prakses_apkopojum/2018/Naida% 20runa%20un%20varda%20briviba_Apkopojums_2018_ 22_10_2018.doc` (visited on 25/07/2019).

[18] Uldis Neiburgs. "Herberts Cukurs – slavens lidotājs un/vai kara noziedznieks?" In: *LA.lv Ziņu portāls Latvijai* (27th Jan. 2019). URL: `http://www.la.lv/br-27- 01 - rits - herberts - cukurs - slavens - lidotajs - un - vai-kara-noziedznieks` (visited on 12/08/2019).

[19] Erwin Oberländer and Valters Nollendorfs, eds. *The Hidden and Forbidden History of Latvia under Soviet and Nazi Occupations. 1940-1991.* Riga, 2005.

[20] *ODIHR Hate Crime Reporting (Poland).* URL: `http:// hatecrime.osce.org/poland?year=2017` (visited on 22/07/2019).

[21] "Partijas "Attīstībai/Par!" dāsnais piedāvājums ebreju kopienai – šībrīža labestības uzplūdi vai iepriekš aprēķināts gājiens". In: *Pietik* (16th June 2019). URL:

https : / / www . pietiek . com / raksti / partijas _
_attistibai _ par ! _ _ dasnais _ piedavajums _
ebreju_kopienai__sibriza_labestibas_uzpludi_
vai _ ieprieks _ aprekinats _ gajiens (visited on
12/08/2019).

[22] *Politisch Motivierte Kriminalität im Jahr 2018: Bundes-
weite Fallzahlen.* 2019. URL: https : / / www .
bmi . bund . de / DE / themen / sicherheit /
kriminalitaetsbekaempfung - und - gefahrenabwehr /
politisch - motivierte - kriminalitaet / politisch -
motivierte - kriminalitaet - node . html (visited on
22/07/2019).

[23] "Proposed EUR 40 mln compensation to Latvian Jewish community retracted". In: *Baltic News Network*
(21st June 2019). URL: https : / / bnn - news . com /
proposed - eur - 40 - mln - compensation - to - latvian -
jewish - community - retracted - 202139 (visited on
12/08/2019).

[24] Katrin Reichelt. *Lettland unter deutscher Besatzung
1941-1944: der lettische Anteil am Holocaust.* Berlin:
Metropol-Verlag, 2011.

[25] V. Salnītis, ed. *Latvijas kultūras statistika: 1918-1937.*
Rīga, 1938.

[26] Marģers Skujenieks, ed. *Trešā tautas skaitīšana Latvijā.*
Riga, 1930.

[27] *Special Eurobarometer 484. Report: Perceptions of anti-
Semitism: Survey requested by the European Commission, Directorate-General for Justice and Consumers
and co-ordinated by the Directorate-General for Communication.* 2019. URL: http : // data . europa . eu / euodp /
en / data / dataset / S2220 _ 90 _ 4 _ 484 _ ENG (visited on
22/07/2019).

[28] Aivars Stranga. "The Holocaust in Occupied Latvia: 1941-1945". In: *The Hidden and Forbidden History of Latvia under Soviet and Nazi Occupations*. Ed. by Erwin Oberländer and Valters Nollendorfs. Riga, 2005.

[29] Joanna Tokarska-Bakir. "Cries of the Mob in the Pogroms in Rzeszów (June 1945), Cracow (August 1945), and Kielce (July 1946) as a Source for the State of Mind of the Participants". In: *East European Politics and Societies* 25.3 (2011), pp. 553–574.

[30] Tom Uhlig, Martin Gehrlein and Charlotte Busch, eds. *Schiefheilungen: Zeitgenössische Betrachtungen über Antisemitismus*. Wiesbaden: Springer VS, 2015.

[31] Rudīte Vīksne. "Members of the Arājs Commando in Soviet Court Files: Social Position, Education, Reasons for Volunteering, Penalty". In: *The Hidden and Forbidden History of Latvia under Soviet and Nazi Occupations*. Ed. by Erwin Oberländer and Valters Nollendorfs. Riga, 2005, pp. 188–206.

[32] Katja Wezel. *Geschichte als Politikum: Lettland und die Aufarbeitung nach der Diktatur*. Berlin: Berliner Wissenschafts-Verlag, 2016.

[33] Slavoj Žižek. *The sublime object of ideology*. Verso, 1989.

[34] Piotr Zuk. "Anti-Semitism in Poland, Yesterday and Today." In: *Race&Class* 58.3 (2017), pp. 81–86.